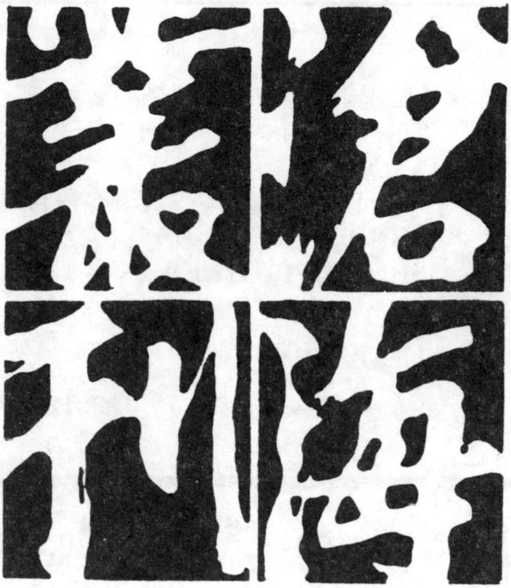

文化哲學講錄(六)

鄔昆如 著

東大圖書公司 印行

國立中央圖書館出版品預行編目資料

文化哲學講錄．六．／鄔昆如著．--初版．--臺北市：東大發行：三民總經銷，民84
面；　公分．--（滄海叢刊）
ISBN 957-19-1754-0（精裝）
ISBN 957-19-1755-9（平裝）

1. 哲學－中國

120.9　　83012198

著作人　鄔昆如
發行人　劉仲文
著作財產權人　東大圖書股份有限公司
臺北市復興北路三八六號
發行所　東大圖書股份有限公司
地　址／臺北市復興北路三八六號
郵　撥／〇一〇七一七五──〇號
印刷所　東大圖書股份有限公司
總經銷　三民書局股份有限公司
門市部　復北店／臺北市復興北路三八六號
重南店／臺北市重慶南路一段六十一號
初　版　中華民國八十四年一月
編　號　E 10025①
基本定價　伍元伍角陸分
行政院新聞局登記證局版臺業字第〇一九七號

ISBN 957-19-1754-0（精裝）

文化哲學講錄㈥　目次

否定詞在《道德經》中所扮演的角色

緒論

中國歷史的演變，雖在開創期有周朝（1122-771 B.C.）的宗法社會和農田制度的完美，而使百姓過著風調雨順、國泰民安的生活；但是，周的盛世竟被後來的春秋（770-481 B.C.）和戰國（480-222 B.C.）所摧殘，而釀成了兵荒馬亂、民不聊生的社會。

也就在亂世之中，不少仁人志士本著憂患意識，指點迷津，提出化解之道；中國先秦的諸子百家爭鳴，就都是站在不同的立場，提出拯救人類、端正社會的良方。其中最具代表性的，莫過於儒家和道家。

古代人類自覺到自身生存在天和地之間，生活在人與人之間，除了與自然與同類爭生存之外，亦本著天賦的良知，設計出人際間之互助合作，來共同克服各種惡劣的環境。一旦這種互助合作的精神墮落，復歸於荒蠻的弱肉強食時，先知先覺之士敢於挺身而出，指示正途。在春秋時代以強權代表公理的紛亂中，儒家的創始人孔子（551-479 B.C.），首先提倡人際關係的「正名」，來恢復已式微的周禮，來恢復人與人之間的仁愛和互助。在「正名」的復古聲中，難免陷入於繁文縟節的另一極端，於是，始創道家的老子（571-467 B.C.），另外設法提出，人生存在天和地之間，如何以超然的態度和胸懷，放棄人世間的功名利祿，從根本的心性修養，來消弭諸侯相互間的爭霸❶。在儒、道二家學說比較研究中，人類終極發展的瞻望，即「天下平」的理論，以及「修身」作爲造成人格的根本工夫，二家都採取相同的看法，唯有對達到終極目標的方法，二者持不同的見解：在這裡，「正名」與「無爲」在道德運作的過程上，實有相當差異。

春秋時代，道德規範的核心課題，不在於如何去「正名」，「春秋以定名分」的傳統，早已成爲規範性的定案；道德的主題已落實到如何去躬身力行的課題中。而在春秋時代，固然有「孔子作春秋，亂臣賊子懼」的事實，也在亂世中，有「臣弑君者有之，子弑父者有之；孔子懼，作春秋」的指點迷津呼聲；可是，究竟這些規範的再次肯定，以及再次倡導，就足以供給行爲的動機？或者，更會在「正名」之外，在「父父子子，君君臣臣」之外，造成了欺世盜名的漏洞？於是才有「不尚賢，使民不爭；不貴難得之貨，使民不爲盜；不見可欲，使民心不亂」（《道德

---

❶ 作者在此處所持的理由是：《論語》中多爲積極的處理人際關係之道德規範，而《道德經》中則處處存在著反對禮俗之語句；因此以儒家的「正名」先於道家的「無爲」，來理解春秋時代二派主要思想體系。

經》第三章），才有「大道廢，有仁義；智慧出，有大僞；六親不和，有孝慈；國家昏亂，有忠臣」（《道德經》第十八章）的感嘆。從道德規範的再體認、再探討、再認同，一直到道德行爲的實踐，其間所需要的心理動機，才是春秋時代道德哲學的核心課題。

周朝本來有「天命」的道德基礎，可是，孔子的人道精神，卻盡量在「未能事人，焉能事鬼」（《論語・先進》）、「未知生，焉知死」（同上），以及「夫子之言性與天道，不可得而聞也」（《論語・公冶長》）的現實人生中，找尋行爲的動機。在這種缺乏形而上的道德基礎之下，道德實踐自然有了損色；而引起道家在道德實踐上的退隱情懷：在道德名目的生活中，在有爲的政治參與中，「無爲」的提倡，的確是「天下無道，聖人生焉」（《莊子・人間世》）的處世良方。

道德實踐在政治參與中的「無爲」，在與儒者政治社會積極參與的「有爲」相對比之下，而影響了知識對形而上認知能力的體驗，更進而在建構本體論上，本體之命名課題。

道家哲學最使人不易瞭解的地方，也就在於原爲知識論中知識極限的認同，像「不可名」「不可道」的否定說法，竟然用到本體的「道」身上，用「道即無」的形上體系，來建立本體論中的最終本體。

以形而上的「無」作爲形而下的「有」的對立二元，一方面架構宇宙論，另一方面設計道德哲學中的「無爲」和「有爲」的二元對立。誠然，如果本體界的眞實基礎是「無」，而現象界的存在爲「有」，則在道德實踐上，「無爲」也就高於「有爲」了。

當時具體世界之紛亂，正顯示著「有」的缺陷，而使人設計與此世對立的「無」的境界；以「無」來超度「有」，也就成了道家形上和形下貫通的唯一法門。

本文就是順著知識論的入門，設法在《道德經》中找到形而上的體，再落實到道德規範實踐的用；用體用關係窺探出老子否定詞的用法，以及各否定詞所蘊含的意義。

壹、道德哲學之本體論

《道德經》的核心思想，一方面是描述道，另一方面是體驗德，而在道和德的共同默觀中，理解宇宙的根本問題，以及人生的根本規範。在道的自然運作中，天地萬物成爲井然有序的存在；而人生存在天和地之間，也就是憑道之運作，而物化；乃至於消融在萬物之中。人類德的表現，也就在於與道合作，順應自然。

儒家的道德著重於人際關係間的仁愛，而道家的道德則醉心於人與自然間的和諧。與人仁愛與自然和諧，都是先秦諸子針對春秋戰國紛亂時代，所設計的改革良方。

問題在於「仁愛」的理由是什麼，爲什麼要「和諧」？這就涉及形而上的答案課題。

儒者的仁愛理由，釋自最淺近的「己所不欲，勿施於人」（《論語・顏淵》），以及進一層的「己欲立而立人，己欲達而達人」。儒家人性發展高峯，在於獨善其身的「君子」，以及兼善天下的「聖人」；「君子」和「聖人」的相加，就是「仁」；而仁者就是到了「天人合一」的境界。

道家的「和諧」理由可就沒有儒家那末具體易懂，它的「順自然」的方法，是用「無爲」來實踐，而「無爲」的目標，在具體生活上講，根本上是「無不爲」，但在形而上的宇宙本體的體驗中，「無爲」最後抵達的，是與「無」（卽道）合而爲一。但是，在道德哲學建立之前，《道德經》在消極上先作的努力，是批判當時知識論，而指出知識的極限；然後用否定知識能力的否定詞，作爲宇宙本體之代名詞。在界定了宇宙最終本體性質之後，再度落實在道德實踐中，用「無爲」來針對政治社會的各項活動。

因此，在「道德哲學的本體論」中，《道德經》中的否定詞用法，先是在知識極限表出的「非」「不」「夷」「希」「微」等，繼則是形上本體之「無」「無名」「無狀」「無物」等，再後就是實踐哲學所用的「無爲」「勿」「小」「寡」「棄」「絕」「非」「莫」等。

一、知識極限

《道德經》中知識問題，其最終對象是針對「道」，針對宇宙最終本體。老子在這裡，用了不少心機，設法描述「道」的特性，如：

有物混成，先天地生；寂兮寥兮，獨立不改，周行而不殆，可以為天下母，吾不知其名，字之曰道。（第二十五章）

道沖而用之或不盈，淵兮似萬物之宗……湛兮似或存，吾不知誰之子，象帝之先。（第四章）

道之為物，惟恍惟惚，其中有象；恍兮惚兮，其中有物，窈兮冥兮，其中有精，其精甚真，其中有信。（第二十一章）

道常無，名樸；雖小，天下莫能臣也……譬道之在天下，猶川谷之於江海。（第三十二章）

大道氾兮，其可左右，萬物恃之而生而不辭，功成而不名，衣被萬物而不為主；常無欲，可名於小，萬物歸焉而不知之；可名為大；以其終不自為大，故能成其大。（第三十四章）

以上列舉的這些描述，「天下母」，「萬物之宗」，「象帝之先」，「惟恍惟惚」，「萬物恃之而生」等，都在指出「道」與「萬物」的關係，更直接的是：

人法地，地法天，天法道，道法自然。（第二十五章）

天下萬物生於有，有生於無。（第四十章）

道生一，一生二，二生三，三生萬物。（第四十二章）

無論從「人」開始，或從「萬物」開始，都必需追溯到「道」爲存在的太始；而從「道」開始，則延生了天地萬物。

但是，這種「道」與「萬物」之關係，可不是知識的所得，因爲知識是無法抵達「道」的：

道可道，非常道；名可名，非常名。（第一章）

視之不見名曰夷，聽之不聞名曰希，搏之不得名曰微，此三者不可致詰，故混而為一……繩。不可名，復歸於無物，是謂無狀之狀，無物之象，是謂惚恍，迎之不見其首，隨之不見其後。（第十四章）

這是指出知識極限的說法，是否定感官能力對道之把握可能性。本來，感官作用，甚至感官作用的身體，老子都以爲是知識的障礙。就如第十三章所說的：「大患若身，吾所以有大患者，爲吾有身；及吾無身，吾有何患。」

因爲感官作用的極限，老子進而把極限的否定詞，推至極峯，把和「有」對立的「無」，作爲「道」的知識終極對象。

二、形上本體之無

第四十章的「天下萬物生於有，有生於無」，若與第四十二章的「道生一，一生二，二生三，三生萬物」一起來瞭解，就不難發現「道」與「無」之間，的確有一個等號；加上第一章的

「無，名天地之始；有，名萬物之母」就更容易理解到「有」「無」與「萬物」「道」之間的關係。

在上一節知識論中，我們已經約略地指陳出「道」與「萬物」的關係，這裡，再把「萬物」和「有」連結起來，把「道」和「無」連繫起來，就更容易發現，「無」的知識否定，應用到「道」的本體上，正如知識的「有」的肯定，應用到「萬物」身上一般。

「天下萬物生於有，有生於無」，「道生一，一生二……三生萬物」。這兩處出現的思路，一處是溯源的上迴旋，一處是創生的下迴旋：宇宙的太始是道，是無；道的所出是萬物，是有。因此，知識的「有」和「無」，與本體的「有」和「無」，恰好成爲相反的理解；因爲道在知識層次的「不」可道、「不」可名、「不」可知，而進級至本體界的「無」概念。而反過來，凡是「可」名、「可」道、「可」知的感官世界，就成爲「有」的範疇。

從道的本體「無」出發，不但所有屬於知識層次的否定，都派上用場，像視之不見的「夷」，聽之不見的「希」，搏之不得的「微」，甚之是「無」物之象（第十四章）❷，更因而落實到實踐行爲部分：無爲。

❷ 在《道德經》第四十一章中，更用「無」的否定，來形容「道」：「大方無隅，大器晚成，大音希聲，大象無形，道隱無名。」「無」「晚」「希」等都是否定的意義。

三、無　爲

無爲的原理，不但指出「道」本身之「無」的特性，而更重要的，是人道爲了遵行天道所當實踐的原則。擴大一點來說，就是老子哲學設法提升形而下之「有」，使其「歸」復到形而上的「無」的源流處，這是《道德經》思想的實踐部份，也是萬物復歸於道的當行方法。

道的本體的「無」，針對於春秋時代對功名利祿的追求來說，甚至針對儒家正名的積極社會參與來說，或者墨家的尚賢學說來說，所發展出來的是「不爭」（第八十一章），是「不言」（第七十四章），是「無爲」（第三十七章），但是，若站在道的動態來看，則是「大道氾兮，其可左右；萬物恃之而生」（第三十四章），則是「道常無爲而無不爲」（第三十七章、四十八章），則是「天之道，不爭而善勝，不言而善應，不召而自來」（第七十三章），則是「天之道，其猶張弓與，高者抑之，下者舉之，有餘者損之，不足者補之」（第七十七章）。

「無爲而無不爲」是指出「道」這靜與動的兩個不同面向，所獲得的總結；最高的「有爲」也就是要「無爲」。甚至，在政治上的「垂衣裳而天下治」的理想，在道家看來，亦是「無爲」的成果。

因爲要「無爲」，舉凡有爲的舉動，都在禁止之列，因而老子動用了許多否定詞，來實踐無爲的主張：從直接否定的「不」「勿」「棄」「絕」「外」「莫」等，繼續運用到較爲緩和的

「寡」「小」「虛」「弱」「少」等。

就如

不尚賢……不貴難得之貨……不見可欲……(第三章)

絕聖棄智……絕仁棄義……絕巧棄利……(第十九章)

果而勿矜,果而勿伐,果而勿驕。(第三十章)

罪莫大於多欲,禍莫大於不知足,咎莫大於欲得。(第四十六章)

再如

是以聖人之治,虛其心……弱其志……(第三章)

見素抱樸,少私寡欲。(第十九章)

小國寡民。(第八十章)

因而,從人本身的肉體的「有」,復歸到道的「無」,以完成人生的最高理想:與自然和諧,自當對功名利祿的「少私寡欲」,自當「虛其心,弱其志」;在爲名爲利的可能墮落中要「絕仁棄義,絕聖棄智,絕巧棄利」,要「不尙賢,不貴難得之貨,不見可欲」,而達到「無爲」的修養。然後,由於無爲,而讓「道」去運作,而達到「無爲而無不爲」的成果。

貳、宇宙之有無二元

上面已經展示出「道」是「無」，而「萬物」為「有」的概念對立，並且，在最後的實踐哲學中，常嘗試著用消極的概念，來導引人事回歸天道的途徑。這一章所要探討的主題，是要窺探老子如何去統一這宇宙的有和無二元。

一、否定的否定

首先我們舉出儒道二家共有的學說淵源——《易經》，提出《易經》中的「生生之道」，來說明《道德經》中從「無」生「有」的原理。在這裡，我們根據《道德經》第四十、四十二、二十五章的內容，來看老子的宇宙生成說：

「天下萬物生於有，有生於無」（第四十章）。在這一章中，天下萬物是具體的世界，是我們接觸到的感官界。這具體世界來自「有」；而「有」是宇宙抽象的名詞，這抽象的「有」則來自「無」。因而，其發展情形很清楚，是：

無→有→天下萬物。

但是，問題並不在因果系列的排列，不在於指出「無」是宇宙的太始，而萬物是這太始的結果，而在於問及這「無」如何導引了「有」？如何創造了「天下萬物」？顯然的其間的連繫詞是「生」；是「無」生了「有」，「有」生了「天下萬物」。

這種接連的「生」，在第四十二章中，有更明瞭的表出：「道生一，一生二，二生三，三生萬物」。

上面已經論及，把第四十章和第四十二章同時對照理解，「道」就是「無」，在這裡，數目的一、二、三，似乎就是「有」。我們暫時不去注釋一、二、三的涵義，也不去辯證「有」與「萬物」的關係，首先著眼於，從無到有的發展進程，就不難發現這是「存在次序」❸的設計，《道德經》第四十章可作爲「認知次序」的肯定型態❹，而第四十二章則正是「存在次序」的表出。認知次序始自感官的天下萬物，而存在次序則源自「道」，源自「無」。「生」的連繫，是要統一這「有」和「無」二元，是要統一這「道」與「萬物」。老子《道德經》的這番嘗試，並沒有完全成功，因爲《道德經》中的「道」總使人覺察出其本身的「超越性」，是超越天地萬物之外，是高高在上的原理原則❺。

---

❸ 在這裡，借用西洋哲學的 Ordo essendi 以及Ordo existendi，以爲存在的時間次序，先有因，後有果。

❹ 追隨❸的 Ordo cognoscendi，是認知的次序。吾人認知，必須由具體事物開始，推論事物背後的原因，即自果到因的思想過程。

❺ 道家哲學能够統一道與萬物的，要到莊子（ca. 369-286 B.C.），參閱拙著《莊子與古希臘哲學中的道》，中華書局，民國六十五年九月二版，第六八—七〇頁。

第二十五章中的「人法地，地法天，天法道，道法自然」，雖然把天、地、人三才描述進去，但最終目的仍是要說明道的超越性，與其運作的獨立性❻。「生」的連繫也就是整個宇宙生成變化的理解，「生生之謂易」（〈繫辭上傳〉第五章）說明了「道」生成萬物的原理原則。老子在這裡要把握住「生」的原理，眞正指出了道與萬物的關係，是「存在次序」的認定，但沒有做到「玄同」的境界。

二、肯定之肯定

從「生」的理解，可以瞭解到「存在次序」中「無」的意義，雖不像古希臘哲學家亞諾芝曼德（*Αναξιμάνδρος*, ca. 610-546 B.C.）所提出的，宇宙的太初是「無限」（*Απειρον*），但是，其積極的「生的原理」，卻隱含有相同的可能性，可以創生無限的宇宙。「存在次序」系列的「生」的肯定，不但指出了道與萬物的關係，更指出了「無」概念的意義，本就不是本體的否定，而只是知識極限的表出，其原義應是：「肯定之肯定」，最高之肯定；正如亞諾芝曼德的「無限」概念，字形上是否定，但意義上卻是肯定。

❻「道法自然」，王弼注：「道不違自然，乃得其性。法自然者，在方而法方，在圓而法圓，於自然無所違也。自然者，無稱之言，窮極之辭也。用智不及無知，而形魄不及精象，精象不及無形，有儀不及無儀，故轉法相也。」

這種肯定，在第二十五章中，暴露出其奧義：「有物混成，先天地生……可以爲天下母，吾不知其名，字之曰道」。由此可見，「道」的「無」只是知識上的「吾不知其名」，而事實上仍然是「有物」，是「先天地生」而且「可以爲天下母」的。

由「生」的原理，指陳出「無」在本體界是最高的「有」，而且是超越了它自身所創生的天地萬物的有；也就因此，有和無的玄同工作，因了概念上的隔閡，總是形成形而上和形而下的對立：道是形而上的，是「無」概念才能表達的，萬物，是形而下的，是「有」的範疇所涵蓋的。因此，有無之間的「存在次序」固然可由「生的原理」連結起來，但是，「知識次序」在有和無之間，仍然有著不可踰越的鴻溝❼。

最高之存在，如何能用知識論中的「無」概念去理解？反之，一般性的存在，卻擁有了「有」的概念？分受的有，竟然在概念的運用上超乎了眞如的有。

這也就是老子哲學中，最使人感到困擾的課題，爲什麼要用「無」來代表最高的實有？而把「有」概念反而贈送給較低層次的存在？

---

❼ 這裡所說的鴻溝，就是知識論和本體論中「有」和「無」持有相反的意義，而在字義的理解上，「有」是「無」的相反，「無」不是有的超度。但是，老子竟要在「玄」的直觀中，把「無」當成「有」的淵源。也許，我們用亞里士多德（'Αριστότελες, 384-322 B.C.）的「潛能」（δύναμις），即具體「有」之前的狀態，來類比「無」概念在本體上的意義。

知識次序與存在次序的混同，才造成這困擾的局面。

叁、人際關係與超越我

雖然，老子哲學中有知識與本體二元的困難，但是，道德哲學卻擁有另一種特性，可以用實踐補知識的不足，以行來超度知❽。

在知識極限的體驗中，獲得了升級的「無」的概念，用以代表「道」的最高實有之後，在知識與本體二元的困難中，老子能夠落實下來，在實踐哲學中討論人際關係，配合著春秋時代的人際關係沒落的事實，設法在形而上的「無」與形而下的「有」之間，建立獨一的縱的合一嘗試，而其消極方法，便是運用否定詞，斬斷橫的人際關係；在積極上，闡揚自我的獨立件，以及超越的可能性，使其上達與道合一的境界。

《道德經》的研究者，應該注意到一件極不平凡的人稱代名詞的用法：五千言中有二十七詞次的「我」「吾」「予」等的第一人稱代名詞，但是卻不見有任何的「你」或「他」的第二或第

❽ 道德哲學本來的特性，就是著重實行，而不是把重心安排在「知」的思辨上，以「行」補「知」的不足，在道家「無為」的理解中，可以是反省「無」概念的通路。

三人稱的出現，這也就使人理解到「小國寡民」（第八十章）「民至老死，不相往來」的含義，也使人瞭解「不出戶，知天下；不闚牖，見天道」的意思。

一、唯我論

因爲老子言論中只有我，而沒有你或他的介入，因而，《道德經》五千言中，都是以獨白的方式表現，而這獨白也意識到不可傳遞的性質。

> 吾言甚易知，甚易行；天下莫能知，莫能行……夫唯無知，是以不我知，知我者希。（第七十章）

如果只有個別的主體性與道取得連繫，而沒有橫的、平行的主體際性的團體生活❾，那末，這種道德哲學的實踐，自然就著眼於個人的默觀生活，而亦唯有透過個人的默觀，才可窺探得道的奧祕。《道德經》第一章就說：

> 無，名天地之始；有，名萬物之母。故常無，欲以觀其妙，常有，欲以觀其徼……同謂之玄，玄之又玄，眾妙之門。

---

❾ 這裡借用西洋當代現象學方法中的「相互主體性」或「主體際性」（Intersubjektivität），來理解老子的人際關係的見解。

此處的「觀」那「玄」和「妙」的肯定，與同一章的知識否定「道可道，非常道；名可名，非常名」，形成一強烈的對比；但是，如果我們能把這種否定與第七十章對照著研究，就不難發現，原來是指知識傳遞在人際關係中的否定。這末一來，本文前面所說的有關知識極限的問題，到這裡，就又把範圍縮小，縮小到只是人與人之間知識傳遞的極限肯定，而不是否定個別的人對道可能有的把握能力。因爲，個人的「我」，仍然可以透過「觀」，去把握「玄之又玄」的客體，去進入「衆妙之門」的堂奧中。

從這個觀點來看，老子的唯我論，雖表面上要斬斷所有主體與主體間的交往，但是，卻極力使個別心靈提升；因爲，在春秋時代人際關係的沒落的理由，在老子看來，就是由於人與道的縱的關係的迷失，而過份強調人際關係中的德目。

> 大道甚夷，而民好徑。（第五十三章）
>
> 故失道而後德，失德而後仁，失仁而後義，失義而後禮。夫禮者，忠信之薄，而亂之首。（第三十八章）

二、超越我

因爲沒有你或他的人際關係，唯有我的獨來獨往，才能完成一個人生存在天和地之間的意義；個人的「見素抱樸，少私寡欲」（第十九章），乃至於「無知無欲」（第三章），當然就成爲

「上善若水，水善利萬物而不爭……夫唯不爭，故無尤」(第八章)，也就能夠「復歸於嬰兒」(第二十八章)，也就是「復歸於樸」「復歸於無極」(同上)，復歸於道。

老子超越我的描述，也就由於否定詞的運用，否定人際關係一切的有爲，而總結於無爲的境界；當然，針對人際關係是無爲，在個人的修持上，卻成了無不爲的大有爲了。因此，自我的超越一方面是消極的「少私寡欲」，是消極的「不爭」，另一方面則是積極的向著道回歸；而且這種回歸是自覺的：

使我介然有知，行於大道。(第五十三章)

是以聖人不行而知，不見而名，不為而成。(第四十七章)

致虛極，守靜篤，萬物並作，吾以觀復。夫物芸芸，各復歸其根，歸根曰靜，是謂復命，復命曰常，知常曰明……知常容，容乃公，公乃王，王乃天，天乃道，道乃久，沒身不殆。(第十六章)

從所有否定的有爲等級，到達無爲，也就是個人修持到內心不追求功名利祿，到了「虛極」，到了「靜篤」的心境，因而也就能默觀到「歸」的眞義，回歸到「道」的境界。超越我的意義，也就在此：一旦落實到政治社會，就是「垂衣裳而天下治」的景象。

結語

五千言的《道德經》中，有五百四十五詞次的否定詞，從比較輕微的「小」「柔」「弱」「寡」「希」等，進而發展到「莫」「非」「不」「外」「絕」「棄」等的運用，一直到當作名詞用的「無」，共有六十四個不同等級、意義有差等的否定詞。其中單「不」字就出現二百三十七次，其次是「無」概念，出現九十八次。

在本文中，我們從《道德經》的思想體系：知識極限、本體論、實踐哲學等的順序探討，發現否定詞的用法，實在是老子哲學的一大特色。從知識極限的體驗，所用的「非」「莫」「難」「不」等到達本體的「無」，再從形而上的「無」，落實到「無爲」的實踐中，而「無爲」就包括了所有人間世的有爲的否定，像「絕」「棄」「素」「樸」「莫」「勿」等等。

當然，如果由於這些否定詞的研究，就忽視了老子的哲學積極的層面，那就犯了大錯，因爲在「無爲」之同時，也就必需理解到「無不爲」；在「無」的探討中，也必需曉得「天下萬物生於有，有生於無」，在所有的「退」之中，理解到「進」，在「弱」之中發現「強」等等的奧祕。

儘管老子在人際關係中，主張「小國寡民」，主張「民至老死，不相往來」，但是，道家哲學可貴處，乃在於發展個人回歸到道的境界的努力，達到每個人的心靈，都能「與造物者遊」，都察覺到「天地與我並生，萬物與我爲一」（《莊子．齊物論》）的境界，也就因此，在形而上與形而下的對立中，在彼岸與此世的對立中，在道與萬物的對立中，只好用許許多多的否定詞，來說明人類知識的極限，來描述萬物的虛無，好能襯托出眞實的永恒的眞理。

道家在魏晉時代的反省

緒論

中國哲學的特性之一，是對政治社會的關懷；尤其是在政治腐敗、社會混亂中，哲學對該時代的反省、檢討、提出治本的化解之道，更成爲哲學自身發展的動力。

在中國哲學思想流變中，這種政治社會的取向，固然在各朝代都能夠突現；但是，能夠對自身思想提出自我檢討，又能與其它對立意見提出公平的討論的，則是魏晉清談所開創❶。而濃縮

❶ 在哲學傳統典籍中，儒家的孟子、法家諸子、道家諸子，亦都能在自己作品中，爲自己的學說辯護，同時亦駁斥，乃至於譏諷別的學說。但是，這種情形，大多是一廂情願的片面之辭。唯有到了魏晉時代，才有較正面的接觸，以及客觀的辯論。清談雖是道家所發起所推行，但其範圍則波及到儒、法各思想層面。葛洪《抱朴子・外篇》是典型的作品。

在葛洪《抱朴子》的〈詰鮑〉篇中，作爲理論的依據；至於在行動上，則有竹林七賢的生命情調，作爲對道家哲學的反省。

魏晉以前，這種政治社會取向的哲學派系，明顯的有三大家：儒家主張德治、王道、仁政；法家則實踐嚴刑峻法；至於道家，則主張無爲、自然。但是，這些都是方法的運用，同時亦是在比較三大家思想時，站在「差別相」的立場來看的。但是，哲學的共同目標則是：政治社會的「治」，而避免「亂世」。而在「治世」的設計中，所呈現出來的成果：儒、法二家的共識是「國大民眾」，道家則堅持「小國寡民」的社會。

在法家由於秦暴政的爲害之下，遭受杯葛和拋棄之後，漢代的爲政者，雖然表面上維持「國大民眾」的現狀，而且實踐著「罷黜百家，獨尊儒術」的方案。可是，「禮」的條文，與「法」的條目，基本上卻難以突現相互間的本質差異。於是，「外儒內道」的折衷方式，形成了漢代特殊的政治社會運作的模式：帝王將相在政制上用儒家的禮法，但在爲政的主觀意識上，則採取道家的生命情調，設法用「無爲而治」的心境，來兌現國泰民安的成果。

這樣，理論上以儒家爲主流的思想：無論是社會目標的「國大民眾」所展示出來的「國泰民安」，或是政治措施的德治、王道、仁政，都是百姓所歡迎的。何況，在「外儒內道」的可能生活方式下，百姓在「風調雨順」中，又可以隨心所欲地發展對人生的態度，以及自由選擇生活的方式。

可是，問題的發生並不在百姓的這種「自由自在」的心態，而是實踐政治的運作，並無法完全遵照哲學理念所堅持的原則。這末一來，治亂興衰的交替出現，乃至於各種學說派系間互相之爭，都成了思想與現實間的差距。這差距的出現，尤其是亂世和衰世的出現，迫使思想家對各種學說作一重新檢討，以及重新估價，乃至於在哲學思想的運作上，作著思想基礎的透視，作全面的、根本性的反省。

漢代的王充，即已開始對儒家治道功能懷疑，而在其所著《論衡》中，主張無為而治❷。到了魏晉時代，亂世的現實迫使知識分子要批判治道的功能，而在哲學思考的結構上，從「實踐取向」，走向了哲學基礎的辯論。

這辯論的思想起源，原就遠從儒、法二家都曾經主持過政治的運作：秦的法治，漢的儒術，都是歷史的事實，可是，畢竟沒有給中國帶來「大治」。漢朝所集大成的儒家系統，尤其是在《禮記》書中，〈禮運〉篇所描寫的「天下為公，世界大同」的理想景象，畢竟沒有呈現，反而導引出幾許混亂。

政治社會的現實措施中如此，而比較傾向於道家的道教，所引發的各種民間信仰，或是從秦

❷王充《論衡．自然》篇，提出「黃帝、堯、舜，垂衣裳而天下治」，為道家思想辯護；同時反對當時道家沒落後，以及「天人感應」所帶來的符咒等迷信，在〈宣漢〉篇中，說明治道所要的是百姓的平安，而不需要祥瑞或災異來檢證。

始皇、漢武帝就追求的長生不老藥，乃至於求仙丹，或是算命、畫符、看風水等等來解釋人類的命運，或是設法解脫，等等努力，仍然沒有具體的成果。亦即是說：神仙之說，就如《列子》書中的列姑射山，或是華胥氏之國，亦與儒家的「太平世」一般，純屬理想，而沒有實現。

對理想的失望，或者，對學理的懷疑，也就導引出魏晉時代的反省。

而這反省的根本，是站在道家思想的立場，來檢討儒家和道家思想的形上基礎。

壹

先秦道家的著作，多站在自己的立場，以諷刺的筆法，反對儒家的實際政治運作，或是當時著名的墨家的論點。就如《道德經》的「不尚賢，使民不爭；不貴難得之貨，使民不爲盜」（第三章），明顯的反對墨家和儒家。《道德經》五千言中，竟出現了五百多個否定詞❸，用來否定當時已存在的學說或措施。也就因了這種關係，儒家的「正名」，也許就先於道家「無爲」的主張❹。《莊子》也用了不少的敍述，來譏諷儒者的不足。

---

❸ 參閱本書第一篇，〈否定詞在道德經中所扮演的角色〉。

❹ 同上，第二頁，❶。

當然，這些消極的、否定的主張，卻並沒有絲毫減低先秦道家在學說的創立上，或是哲學基礎的探索上，所應有而且實有的深度和貢獻。就政治社會取向的實踐哲學而言，儒家所關心的人與人之間的人際關係，其根本德目的基礎仍然是要歸結到人的「本性」，也卽是人的「獨立性」或「個別性」。而這「人性」的根本探討，在哲學追根究底的性格看來，還是人生存在天和地之間的縱的座標的課題，這也就是先秦道家哲學課題的核心。個人的「獨立性」，個人的尊嚴和價值，原就是人的「群體性」行爲的規範。換句話說：人際關係的各種規範，到最後仍然要歸結到人性。

人性還不是最終的存在基礎，它生存在天和地之間，在與自然的各種關係中，獲得定位；而由這定位開展出人如何獨善其身，成爲君子；如何兼善天下，成爲聖人；而君子和聖人的綜合，形成仁者，而提升自己到天人合一的境界。

道家所關懷的，原就是在這種哲學基礎中，找得人的獨立性的基礎；而在現實社會的研究過程中，發現人際關係有嚴重的乖離現象；因而認眞追尋出乖離的原因。老子和莊子，都同樣認爲大道的運作，原是自然而然的，而人爲的禮法破壞了自然的運作，才呈現出社會的混亂局面，於是倡導「回歸自然」、「清靜無爲」作爲治世的治本藥方。

「回歸自然」、「清靜無爲」當然仍是實踐取向的概念，老子哲學深奧處，在於說明宇宙以及人生原理原則的「道」；從道的運作窺探出道的本體；然後在道的本體處，肯定人類知識的極限，認爲知識無法把握「道」的積極本體；知識能把握的，也只有消極的、否定式的語句，像「道可道，非常道」❺的知識批判。也就因此，「常道」的非知識性，逐步走向本體運用的「無」，作爲唯一能涵攝道本體的概念；由這形上的「無」概念，順理成章地導引出：道的正常運作原是「無爲」。這末一來，人間世的秩序，也唯有順應這「道體」的「無」，以及「道用」的「無爲」，才會有風調雨順、國泰民安的治世出現。

老子的「無」和「無爲」的理解，到了莊子被融入在生命智慧中；首先是把老子超越的天道，降凡到人間世的運作中，復次把「無爲」的體認，從消極的層面超度到積極的「超脫」上，認定人的精神生活，可以不墮入肉慾和物質的束縛中，而能超乎物質世界，上與造物者遊，同時在心境上感受到「天地與我並生，萬物與我爲一」的本體存在層面，這是莊子形上理論的精華；在實踐原則上，則用「心齋」「坐忘」的方法，除去肉體的束縛，而趨向於精神生命的自由。

不幸的是：莊子的這番心意被後來對「死亡」的怕懼心態所誤解，認爲無限制延長肉體的生命——免於死亡，才是道家思想的核心課題。在思想的進路上，《列子》書中所描繪的列姑射山，以及華胥氏之國，那種「神仙」生活的模式，不能不說摻雜了自秦始皇、漢武帝等人的長生

❺《道德經》第一章開宗明義第一句的第二個「道」字，極可能不是「說」或「言」的意思，而是與《書經·禹貢》中的「導」字相同；意即：「道」是無法用來「引導」，或是「教導」的；其中當然亦包含了「說出來」的意義。

不老念頭，而把莊子的哲學意境，拉到俗世的地步。至於到了魏晉時代，各種煉丹的技巧，以及政府與民間所共同追求仙丹的情形，可說是等而下之了。

貳

魏晉時代，從東漢滅亡開始，即自公元二二〇年，曹丕自許州遷都洛陽，國號魏開始，一直到東晉滅亡，即公元四二〇年止，恰好是二個世紀。這兩個世紀的文化思想，在中國哲學史的演變中，是獨樹一格的，其中可以說，沒有出現集大成的、第一流的思想家，也沒有開創思想體系的大思想出現。表面上看，這兩百年的思想，大都在注解《老》、《莊》的人生哲學；對逍遙的生活嚮往，對參與建設社會採取消極的態度。其中像何晏、王弼、郭象等人，都是以注釋傳統道家經典爲職志；而竹林七賢則以文學的素養以及哲學的思考，來實踐遺世的思想。這是道家作爲此時主流的道家思想進程，當然，在儒家落實在政治社會中，亦有不少代表，能參與這時期的反省工作：就像傅玄、裴頠、王坦之、孫盛、劉實等人，他們能在道家主流之外，提出參與社會政治的哲學基礎。

本文探討的核心，固然在於道家學者在此期的反省，但在這反省中，對於當時儒家所提出的反方意見，當然亦很重視，而在此期能集儒道二家思想，而加諸討論的，首推葛洪和陶淵明，還有李充的著作，在這方面也盡了一份心力。

道家思想本身作爲此期主流思想的發展進程，先是由老入莊，後來又回歸老❻。本文的道家反省的思路，也就順著這線索而發展，其中當然把儒家思想在這時期的辯護，亦一併列入考慮，以突現出道家論證的內涵。

原來，三國時代的紛爭，造成了兵荒馬亂、民不聊生的局面，知識分子如何晏、王弼、山濤、阮籍、王戎等人，都開始懷疑自漢以來的禮法之治，而推出「無爲」「自然」的理想，企圖整頓社會，從亂世走向治世。西晉時期雖然結束了三國鼎立之勢，可是內憂外患仍然不斷，故有郭象注《莊》，把老子無爲的思想引入《莊子》，而形成「無爲主義」的體系。當然，此期儒者裴頠亦敢挺身而出，用「崇有論」來反對「無爲主義」。東晉時代，葛洪的《抱朴子》和《神仙傳》，更在前面的思想基礎之上，鼓吹「無爲主義」，陶淵明亦用其文學筆法，在〈桃花源記〉中，展示儒、道合璧之成果。《抱朴子・詰鮑》篇，大膽地讓儒、道二派各盡所能，激烈地辯論二家之得失，乃至於比較二者的優劣。東晉清談的學風，漸漸地已經不在學術辯論中，辯護自身的學說，而是在生活實踐上，放棄對禮法的信心。當然，儒者王坦之，在此時亦敢提出「廢莊論」，來支持傳統禮法。

---

❻ 參閱錢穆著，《中國思想史》，香港新亞書院出版，民國五十一年四月再版，第三八四頁。

道家諸子在此期間的理論，已逐漸能擺脫排斥其它學說的老路，而能用更高智慧的包含並蓄，把其它學理引述來，作爲道家思想基礎的引證。如何晏的「引儒入道」，葛洪的「孔老並尊」，都是很好的例證。

何晏在基本上，當然「祖述老莊，立論以爲天地萬物皆以無爲爲本。無也者，開物成務無往不存者也。陰陽恃以化生，萬物恃以成形；賢者恃以成德，不肖恃以免身。故無之爲用，無爵而貴矣」❼。但其在《論語集解》中，解釋「爲政以德」的意義時，用「德者無爲」來使儒道二者合璧；這是「以道家之學，解釋儒書」，成爲魏晉時代學者風氣❽。

王弼學說，也是走這條「引儒入道」之路，他發揮了「天地任自然，無爲而造」的意義，並且以之引進《論語》之中。王弼在這方面，走得更深遠，把自然與無爲的思想，在《易經》中去

---

❼《晉書》王衍傳，《晉書》卷四十三，列傳第十三，第五九四頁。

❽參閱楊幼炯著，《中國政治思想史》，商務，民國六十六年一月臺四版，第二〇五頁。又王韶生著，〈何晏與魏晉學術的關係〉，《崇基學報》第三卷第一期，民國五十二年十一月，香港，第一二—一八頁。

找尋基礎❾。而且，後來竟設法「宇宙觀回歸老莊，人生觀回歸孔孟」❿。

郭象的「由老入莊」，旨在闡明形上道之「理」，涵蓋一切，而整個宇宙人生，都在這「理」之中存在；順理也就是順乎自然，這是道家的說法；而在儒者來說，順理也就成了有道德之人。郭象注《莊》所表現出來的智慧，消極上是認同竹林七賢等人的生活模式，度避世的生活，積極上則是心靈生命的自我提升，學習莊子的逍遙。

葛洪所著的《抱朴子》和《神仙傳》，前者的〈內篇〉基本上是丹藥的名目，認為靠進吃仙丹，人就可以成仙，完全擺脫物質世界以及肉體限制的束縛。而《神仙傳》則以歷歷指陳神仙的存在，來支持其丹藥的效用。這些作品在表面看來，都屬於「實踐」道家理想人生的俗化，沒有什麼形上基礎。但是，《抱朴子．外篇》則完全採取了開放的態度，一方面設法「引儒入道」，另一方面在哲學的形上基礎上，認真地讓儒、道二家盡情地辯論。雖然，葛洪本身的立場傾向於道家，設法以道消融儒，形成「內道外儒」的思想體系⓫，可是，在思想思辨的過程中，卻客觀地反省了二者形上基礎。

---

❾《三國志．魏志》卷二十八，何劭撰王弼傳。

❿錢穆著，《中國思想史》，同❻，第七三頁。

⓫參閱孫星衍撰，〈新校正抱朴子內篇序〉，臺灣中華書局，民國五十七年八月二版，第三頁。

肆

《抱朴子・外篇》的「內道外儒」，是魏晉時代道家反省成果的核心，其所希望達成的任務是在證明「道者儒之本，儒者道之末」[12]。這見解一直追溯到儒、道始祖的地位以及成就的批判，那就是「仲尼，儒者之聖也；老子，得道之聖也」[13]。這也就是「得道的聖人」與「治世的聖人」的分野，一個是本體的，一個是實用的。而體用間互相配合，才能形成宇宙和人生的完美境界。葛洪在《抱朴子》書中的最終定案，也就是：「所以貴儒者，以其移風易俗，不惟揖讓與盤旋也。所以尊道者，以其不言而化行，匪獨養生之一事也。若儒道果有先後，則仲尼未可專信，而老氏未可孤用。」[14]

也就由於這種有意貫通和融洽儒道二家之長，一方面有思想的形上基礎，另一方面又可以經世致用，因而設計出〈詰鮑〉篇的整體架構。

〈詰鮑〉篇透過抱朴子和鮑敬言的辯論，把儒家和道家已有的，或可能有的長處和短處，統

---

[12] 《抱朴子・內篇・明本》篇，卷第十，同上，第一頁。
[13] 同上，〈塞難〉篇，卷第七，第二頁。
[14] 同上。

統都揭示出來；把二家實際的困難，以及理論的困境，都毫不保留地和盤托出。這篇對話錄，事實上不但是道家對自身思想的全面反省和檢討，而且亦一併思考了儒家的許多問題。

〈詰鮑〉篇的儒道之辯，呈現在字裡行間的是：鮑敬言把君臣身份的對立，看成是互不相容的競爭局面（原就是晉代亂世所呈現的事實），與天地陰陽四時合調的和諧氣氛，無法協調，因而主張「廢止君主制度」，亦即主張無政府主義，同時反對「有為」，而主張廢除各種禮法。在另一方面，抱朴子則以為君臣之分，原就是配合天地陰陽的運作，所有制度亦都是聖人「體天作制」；因而認定有制度、有君主才是「順天應人」的政治社會常軌。

我們深入一層去體會鮑敬言與抱朴子的對話：

鮑敬言解釋君臣之道的起因是：

夫彊者凌弱，則弱者服之矣；智者詐愚，則愚者事之矣。服之，故君臣之道起焉；事之，故力寡之民制焉。⑮

抱朴子則有另一種看法，他說：

有聖人作，受命自天；或結罟以畋漁，或贍辰而鑽燧，或嘗卉以選粒，或構宇以仰蔽；備物致用，去害興利，百姓欣戴，奉而尊之；君臣之道，於是乎生。⑯

---

⑮ 同上，〈詰鮑〉篇，第一頁。

⑯ 同上。

當然，鮑敬言看到的是亂世和暴政的實際情況，而抱朴子則站在理想上談德治、王道、仁政。鮑敬言代表道家對法治社會的不滿，而抱朴子則代表儒家推展德治的社會；前者是批判性的，後者則是理想性的。二者都需要更深的思想基礎來支持。

鮑敬言在進一步的辯論中，利用對「太初」的理解，來為「自然」以及「無為」鋪路。他說：

> 夫混茫以無名為貴，羣生以得意為歡。故剝桂刻漆非木之願，拔鶡裂翠非鳥所欲，促轡銜鑣非馬之性，荷軛運重非牛之樂。⑰

抱朴子針對這論點，站在人文立場，加以反駁。他說：

> 古者生無棟宇，死無殯葬；川無舟檝之器，陸無車馬之用，吞啖毒烈，以至殞斃；疾無醫術，枉死無限。後世聖人改而垂之，民到如今賴其厚惠，機巧之利，未易敗矣。⑱

「太初」期究竟是好是壞，自然或是人為，也就看所站的立場而定。鮑敬言站在自然的立場，而抱朴子則站在人文的立場；前者主自然，後者主人為。主自然的認為一切應保持原狀，而在原始景象中，看出自然之優美閑靜；主人為的則認定荒蠻時代，人類生命的坎坷，需由人為來改造自然。

---

⑰ 同上，第二頁。

⑱ 同上，第三頁。

再進一層的辯論主題，就是「有君」「無君」之爭。鮑敬言力陳有君之害，而抱朴子則替各賢君辯護。鮑敬言所提出的論證是：

> 夫天地之位，二氣範物，樂陽則雲飛，好陰則川處；承柔剛以率性，隨四八而化生，各附所安，本無尊卑也。君臣既立，而變化遂滋。夫獺多則魚擾，鷹衆則鳥亂，有司設則百姓困，奉上厚則下民貧。[19]

這是以自然的原始爲基礎，反對人爲制度；因爲，在人爲制度中，找到人際關係的失調。鮑敬言繼續說：

> 百官備，則坐靡供奉之費，宿衞有徒食之衆，百姓養游手之人。民乏衣食，自給已劇，況加賦斂重以苦役，下不堪命，且凍且飢；冒法斯濫於是乎在，王者憂勞於上，台鼎顰顣於下。[20]

抱朴子則認爲，鮑敬言在這裡犯了一個思想上偏頗的錯誤，那就是「鮑生獨舉衰世之罪，不論主治之義……」[21]；因爲：

> 請問古今帝王盡採難得之寶，聚奇怪之物乎？有不爾者也。余聞唐堯之為君也，捐金於

---

[19] 同上。

[20] 同上，第四頁。

[21] 同上，第二頁。

山；虞舜之禪也，捐璧於谷。㉒

「自然」與「無爲」、「人爲」與「制度」、「有君」與「無君」都是〈詰鮑〉篇辯論之核心課題。抱朴子和鮑敬言的爭辯，委實是對儒、道二家在實踐取向上之反省，以及價值批判。然葛洪所設定的，最終是抱朴子贏得了這場辯論；而其所以贏得的理由，則是因爲綜合了儒、道二家之長：在自然生活中適度的有爲，以及在所有煩惱事中，有無爲的心境。

伍

顯然的，魏晉時代道家的反省重點，因爲一直擺脫不了儒家的道德實踐取向，因而亦多在政治社會體制上著眼；每一次快要走進形上基礎的進路中，忽然又墮入實踐的功利部分。魏晉玄學無法回歸到老子道德經式的默觀潛能，無法用「概念」的直觀，來探討「道」本體的性格，而只在「道用」的支節問題上打轉，算是魏晉思想損色的地方。但是，這損色都關係著哲學慧命本身的課題。哲學的用固然是哲學探討的對象，但是，哲學的體卻更是哲學家必需費盡心機，設法窺探的。這哲學的體，也就是形上部份的天道問題。

㉒ 同上，第五頁。

魏晉時代沒有觸及到「天道」，因而亦無法把握住人道；到後來，就在「無君」「有君」之爭中，只能用「實用」作尺度，來衡量它們的得失；而無法跳越「用」，而回到「體」的範圍。魏晉所迷失的「體」問體，後來經過印度佛學的東來，心性的關懷和研究，催生了宋明理學的本體探究，而以心靈主體，代替著超越的形而上的位置，完成人性與天道合一的理論基礎。

但在另一方面，魏晉時代道家的反省進程，以及它的內在涵義，在推動社會關懷，以及社會哲學原理的探討，都有莫大的提示和貢獻；就對當代興盛的環境保護問題、生態問題，亦都能提供一些原則性的思考方針。

儒、道二家能在魏晉學術氣氛中，相互琢磨，重新反省，雖然未能進入形上堂奧，但仍然能在中國哲學思想進路中，開闢了辯論的風氣。這對派系間的整合，的確開了良好的風氣。

綜合來說，《抱朴子·詰鮑》篇雖在理論上是實踐取向的，但是，辯論風氣本身，仍然走不出理論層面，無法落實到具體生活上。魏晉學者的實踐生活，所走的路線仍然是避世的，對政治社會的關懷和參與都嫌不足。這末一來，其思想的成效似乎又打了折扣。尤其是竹林七賢等人的想法和做法，大都沒有引起正面的作用，因爲「當時人五情六欲，陷溺深了，卻還要縱心調暢，不束於教，這才不得不仰待西方佛法來拯救」㉓。

㉓ 同❻，第八五頁。並參閱周紹賢著，〈清談亡晉問題之商榷〉，《大陸雜志》第十四卷第十一期，民國四十六年六月，第一三—一八頁。

《道德經》「歸」概念研究

緒論

有關《道德經》的研究，已經有過數不清的論文和書籍，無論在時間的編年史上，或是在當代的哲學探討中，又無論是中國或是西洋，學者們論及中國形上學時，都莫不以老子的《道德經》，作為研究的首要對象。

因為有意把《道德經》作為可以與西洋哲學中的形上學作一比較，因而「道」概念之作為「形而上」，就不但本身可以成立，而且亦有《易傳》的「形而上者謂之道」❶作為有力的注

❶《易經‧繫辭上傳》。

解。隨著而來的「道體」、「道用」的課題，也就順理成章地成立了❷。

也就在肯定「道」的形上意義，以及瞭解其本體與特性的同時，也把形上學中比較具體可尋的宇宙論課題，順便地提出解答；尤其是宇宙生成論的課題，更被認爲是研究《道德經》必然的課題之一❸。

既然涉及到宇宙生成論，而且又以「道生一，一生二，二生三，三生萬物」（《道德經》第四十二章）的公式，作爲根本，於是，「道」的動態特性，也就被肯定，而且，這「動態」不但指出道本身，而且亦貫通著整個宇宙生成變化的原理，甚至還要指出天地萬物，因了道的內存性，而分受了道的動態，而作著「回歸」的運作。

本文也就是嘗試著，以研究「道」的運作，一方面來明瞭道的特性，他方面指出天地萬物如何因爲分受了道的存在和特性，而亦成爲生生不息的，乃至於指出，天地萬物「回歸」道的性格。

也即是說，筆者以爲，可以用「道」的運作，來瞭解道的特性，而指出其「歸」概念，實在

---

❷ 體、用問題原是中國哲學的通性，解釋道家「道」概念，亦常用道體、用，作爲對形上學的瞭解，參閱嚴靈峯撰《老子達解》，藝文印書館印行，民國六十年十月初版，第三—八頁。

❸ 同上，第一八二—一八五頁。Richard Wilhelm, *Lao-tze Tao-te-King*, E. Diederichs Verlag, Düsseldorf-Köln, 1957, p. 144.

是其「靜態」本體的表象，進而確立《道德經》中，形上與形下相互間的圓融關係。

壹、「歸」概念的定位

在《道德經》諸「歸」概念中，顯然地可分爲三大類，一是屬於宇宙體系的，另一個是屬於人生體系的，第三類是政治社會性的：

一、宇宙體系中的「歸」概念

《道德經》中的宇宙架構，最重要的是指出「道」與「萬物」之間的關係。像「淵兮似萬物之宗」（第四章），像「玄牝之門，是謂天地根」（第六章）。從「道」與「萬物」的這種關係，導引出「宇宙生成論」的說法。那就是：「天下萬物生於有，有生於無」（第四十章），以及「道生一，一生二，二生三，三生萬物」（第四十二章）。

萬物的來源是由「道」而「生」，亦即「道生萬物」是《道德經》「宇宙生成論」的特色。再進一步，就是宇宙的「終末論」，是要指出：宇宙往何處去的課題。

因爲萬物是由道所生，而不是由道所創造，因而，萬物是分受了道的特性，甚至，萬物擁有道的本質。這樣，道的生的特性也通傳給了萬物，萬物的特性也就成了「生生不息」的。

這種「生生不息」有一個很根本的方向，它不是盲目的，而是有目的性的，也即是說，萬物要「回歸」到「道」處，這「歸」概念也就是我們探討的核心。

「歸」概念在《道德經》中出現十一次，加上與其幾乎同義的「復」字十五次，還有「返」或「反」等概念，共同構成了動態宇宙邁向「終末論」的旨趣。

就如「夫物芸芸，各復歸其根」（第十六章），「萬物並作，吾以觀復」（同上），「復歸於樸」（第二十八章），「復歸於無極」（同上），「復歸於無物」（第十四章），「萬物歸而不為主」（第三十四章）❹。

從上面道的運作的「生」，到萬物的運作的「歸」，於是形成了《道德經》的宇宙架構：一切由道開始，一切回歸到道。這也就是「反者道之動」（第四十章）以及「周行而不殆」（第二十五章）的理解。

這樣，我們就可以替《道德經》的宇宙架構，作一表解：

---

❹「歸」概念的注解很多，前期的河上公：「言萬物無不枯落各復反其根而更生也。」王弼：「各返其所始也。」中期的宋蘇轍：「復歸於性。」當代如嚴靈峯：「反其所始。」張起鈞：「返到原為宇宙本源之混沌恍惚的『道』。」

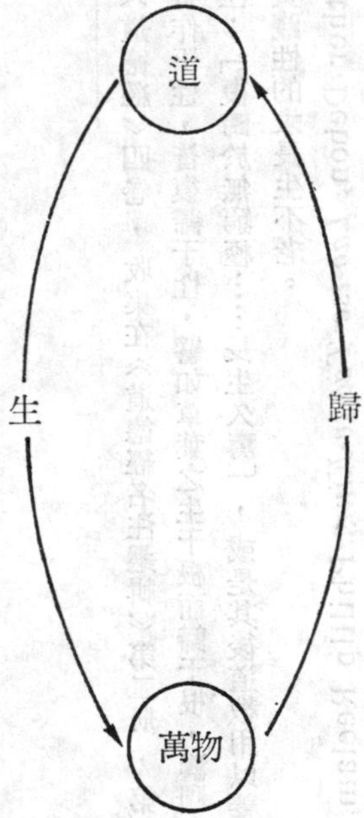

在這個表解之中，「道」是形而上的原始，這原始不是靜態的，而是動態的，具有「生」的潛能，而且事實上亦生了天下萬物。然後，天下萬物由於分受了道的特性，能夠生生，最後要回歸到「道」的太始處，而完成萬物的終末論。

從這種宇宙體系中「歸」概念的定位，我們可以看出「歸」的意義如下：

㈠是「道」在整個運作中的一個行動。

㈡是回歸「道」的終末論的一個行爲。

㈢與「道」的另一運作「生」恰恰相對，且相輔相成。

二、人生體系中的「歸」概念

從各朝各代對《道德經》所作的注來研究，讀者準會發現一個非常有趣的事實，那就是：

「歸」概念從漢河上公所注的《老子道德經》開始，歷經三國魏王弼注《老子道德眞經》，乃至於唐玄宗的《御注道德眞經》等，都以爲是萬物「回歸」道的運作，都是宇宙論取向的。但是，到了宋代，從蘇轍所注《道德經》開始，就將「歸」概念轉變爲人生取向，而把「復歸於嬰兒」（第二十八章、第十章、第五十五章），以及「復歸其根」（第十六章）解釋成人生道德義❺。

正如宋明理學把先秦儒家超越的「天」概念，轉化成內存於人心的「性」一般，他們亦把《道德經》中原擁有超越意義的「道」，轉換成內存於心性的道。同時，萬物回歸道的運作，本是外在的宇宙行爲，也轉變成了內在的心性的行爲。

當然，就在「復歸於嬰兒」（第二十八章、第十章、第五十五章）的表出中，是隱含有人生意味的❻，但是卻不會由於人生意義的突現，而忽視了宇宙論意義的存在。再如像「長生久視之道」（第五十九章），當然有濃厚的人生取向，但亦不會無視於宇宙整體的運作❼。

---

❺ 宋蘇轍注《道德經》四卷，收集在《道德經名注選輯》第二册，第四〇二頁：「夫物芸芸，各復歸其根；注：萬物皆作于性，皆復歸于性，譬如草葉之生于根而歸于根，濤瀾之生于水，而歸于水。」

❻ 如河上公注：「復歸於無窮極……長生久壽」，或是其後道教用以養生、煉丹諸法門，皆把理論性的「復歸」化作實踐性的求長生不老。

❼ 參閱 Günther Debon, *Lao-tse Tao-te-King*, Phillip Reclam, Stuttgart, 1967, p. 5。

三、落實社會的「歸」概念

老子在春秋時代的爲學意向，與孔子做學問的目標，都一樣是從根本的宇宙人生原理，企圖挽救當時的亂世，而設法撥亂返治。因而，亦就導引出先秦的無論是儒家，或是道家，亦無論其爲宇宙論取向，或是人生論取向的學說，都要在最後落實到政治社會之中，而改變當時的亂世，使成爲治世。

也就因此，老子的「歸」概念，眞正落實下來的，就是《道德經》第八十章的「小國寡民」：

> 小國寡民，使有什伯之器而不用，使民重死而不遠徙。雖有舟輿，無所乘之；雖有甲兵，無所陳之。使人復結繩而用之。甘其食，美其服，安其居，樂其俗。鄰國相望，雞犬之聲相聞。民至老死，不相往來。

這種以斷絕人際關係的方法，作爲對亂世治本之方，一方面是在形上學的奠立中，指出道體的「無」的本體，它方面在實踐哲學的體系中，突現出道用的「無爲」旨趣。以個人及執政者的「無爲」（無知、無欲、無名），來讓「道」的「無爲而無不爲」（第四十八章），來完成天下萬物，由於道的運作，而回歸道的行動。

「無爲」的學說，是在把「人爲的因素」，減少到最低限度，而讓自然展示出道的運作。這原因在於：《道德經》中，老子總以爲「道」與「自然」是和諧的，這在後來的莊子，更發揮了「物我相忘」❽的境界；但在另一方面，人出自自然，但是卻與自然對立，而用了許多的人爲因素，在政治社會的制度上，擾亂了自然的和諧。因此，在老子看來，人爲因素的停止，以及讓自然運作，是人類社會撥亂返治的根本途徑。

在落實社會的「歸」概念中，小我的退隱，以及大道的突現，是《道德經》整個宇宙體系動態的藍圖；在這藍圖中，道是實在、是眞象，天地萬物都是道的表象和呈現；而道的運作，表現在「生」出萬物，賦予萬物存在，同時亦表現在導引萬物「歸」回到道處，提升萬物的存在，完成萬物存在的目的。在這裡，「人類」所能扮演的角色，事實上只是「無爲」，如莊子所發揮的，以「心齋」「坐忘」的方式，來準備自己的心靈，使其復歸自然，終於回歸到道之境界❾。

以上由《道德經》「歸」的三重意義：宇宙的、個人的、以及社會的，給予「歸」概念與哲學上的定位。這定位所啓示我們的，不但是與「生」概念的對立以及相輔相成，完成了「道」在宇宙中的完整體系，而且亦提示了個人生命情調的動向，以及社會秩序重建的方案。

❽ 莊子的「心齋」「坐忘」，不但要忘記自己，而且要把世界忘掉，而在這境界中，是「物我相忘」的。此語用法，相對於儒家的「天人合一」。

❾ 這裡的「心齋」「坐忘」，是要人文世界退隱，而讓「道」來運作，因而，莊子的「無爲」是指人文世界的「無爲」，而這「無爲」終究變作「無不爲」，則是指道的運作，獲得了發揮的功能。

現在，問題所要再度伸展的，就是站在「人本」精神的立場，去解決「如何」復歸的課題。

貳、回歸方法

在研究道家經典時，通常所遭遇到的最大困難，莫過於它們在「否定詞」的運用。用西方哲學的尺度來看，老子喜歡用知識論中的「否定」，來展現本體論上的「肯定」。也就因此，老子不用亞里士多德式的「有」，或是「存有本身」來形容「道」，而是反過來，用「無」作爲道的本體。同樣，他亦把「無爲」作爲最高的「有爲」。這樣，我們就不會奇怪，爲什麼在區區五千言的《道德經》中，卻用了五百四十五詞次的否定詞，從比較輕微的「小」「柔」「弱」「寡」「希」等，進而發展到「莫」「非」「不」「外」「棄」「絕」等，乃至於到當作名詞用的「無」，竟然有六十四種不同等級、意義有差等的否定詞；其中「不」字出現了二百三十七次，「無」概念出現了九十八次⑩。

從對道本體的「無」的形上基礎，落實到實踐哲學的「無爲」的用，架構成一系列的「否定」模式。因此，也就在「歸」概念的所有方法中，亦都呈現著「否定式」的方案：順自然是無

⑩ 參閱本書第一篇：〈否定詞在道德經中所扮演的角色〉，第一九頁。

爲，「萬物歸焉而不爲主」（第三十四章），「復歸於無物」（第十四章）。因爲天道本身就擁有「生」萬物，以及使萬物「歸」的運作功能，因此，人只要奉獻自己於「道之流」⓫之中，聽任道之運作，就可以回歸道；同樣，整個自然，亦是以這種「無爲」的方式，展示出道的能力。進一步，在政治社會的進程中，爲政者亦必須用無爲，作爲最高的有爲，來實踐天道於人道之中，完成道的實踐目的。

回歸方法的認定，在《道德經》明白的文詞運用中，並不困難，困難在於：政治社會中各種風習的形成，已經迷於慾、私、尚賢、貴貨，亦即是說：人的心靈已經被追求功名利祿所蒙蔽；因此，回歸的課題，在道德取向的中國哲學中，已經不是純理論的問題，而是需要在認知之上，付出實踐的課題。

如何使政治社會「回歸」到原始，「回歸」到只有道所領導的社會；而在這社會中，一切違反自然的人爲，都減少到最低限度，才是「歸」概念的核心課題。

在老子的心目中，由道所領導的世界，應該是「治」的，而不是兵荒馬亂的社會；而老子直覺到，「亂世」的原因則是由於人心的貪慾，因此，要政治社會的撥亂返治，就要在這方面下手：

⓫ 藉用胡塞爾現象學語言「意識之流」（Bewusstseins-strom）。

不尚賢，使民不爭；不貴難得之貨，使民不為盜；不見可欲，使民心不亂。是以聖人之治……常使民無知無欲。（第三章）

為無為，則無不治。（同上）

但是，這些消極的否定詞，表面看來是「無爲」，是「順其自然」，但是，事實上則是非常高深的「修爲」；不但要用精神超脫的自由，而且更要解除肉體的諸般束縛。老子深深的感受到：

大患若身；吾所以有大患者，為吾有身；及吾無身，吾有何患？（第十三章）

要擺脫肉體的束縛，原是宗教修行的基本課題；但是，在道家哲學中，卻成了道德規範的始點。道家的發展，從老子發現「大患若身」之後，隨著來的莊子，在其「至德之世」中，人的精神漸漸可以支配肉體，而呈現出精神境界的自由；及至到了列子，已逐漸接近神仙之說，無論其華胥國，或是列姑射山，都是仙人所居住的地方，乃至於文學中的〈桃花源記〉，都指出理想國在某方面的可行性。

莊子的至德之世的來臨，是需要靠人本身持續不斷的修練，才可達到的，其「心齋」「坐忘」的工夫，事實上是最高的「有爲」。

如果把莊子心齋、坐忘的進階，作爲「無爲」的方法，則回歸的方法就有層次的差別。首先是收斂心神：

一若志。無聽之以耳，而聽之以心；無聽之以心，而聽之以氣。聽止於耳，心止於符。氣也者，虛而待物者也。⑫

再來就是忘卻人文，而與自然合一：

顏回曰：「回益矣。」仲尼曰：「何謂也？」曰：「回忘仁義矣。」曰：「可矣，猶未也。」他日復見。曰：「回益矣。」曰：「何謂也？」曰：「回忘禮樂矣。」曰：「可矣，猶未也。」他日復見，曰：「回益矣。」曰：「何謂也？」曰：「回坐忘矣。」仲尼蹴然曰：「何謂坐忘？」顏回曰：「墮肢體，黜聰明，離形去知，同於大通。此謂坐忘。」⑬

「心齋」「坐忘」在莊子看來，都是返本復初的工夫，亦都是「歸精神乎無始」⑭，同時是解釋《道德經》的「復歸於樸」⑮。

因此，綜合上面的回歸方法看來，還是以「人」爲中心，而以修行的方式除去自我所有的「私」，而「同於大通」；這是「物我合一」的境界；在心境上是「天地與我並生，萬物與我爲

⑫《莊子．人間世》。
⑬《莊子．大宗師》。
⑭《莊子．列禦寇》。
⑮《道德經》第二十八章；《莊子．山木》。

一」⑯的感受。

以這種每個個人「修身爲本」的方式，落實到人際關係的社會時，也就是「至德之世」⑰，一個「無爲無不爲」的社會，一個「小國寡民」的社會。

老子以及由老子所導引出來的道家，其所探討的「歸」概念，在回歸的方法上，因此有兩種不同的方式：一是無靈世界的自然界，它是直接由道的運作，而作著回歸的行動，「夫物芸芸，各復歸其根」（《道德經》第十六章），另一種則是有靈世界的人文社會，它需要「心齋」「坐忘」的工夫，它需「絕聖棄智」「絕仁棄義」「絕巧棄利」（第十九章）的工夫，基本上在「修身」，落實下來就是「回歸自然」的社會。

叁、當代意義

從上面「歸」概念的定位中，我們僥倖地發現老子形上學的變化線索，從先秦的形上的超越義，發展到宋明的內存義。再從「歸」的方法探究中，發現其「無爲」事實上則是「無不爲」，甚至是「大有爲」。

---

⑯《莊子・齊物論》。

⑰《莊子・馬蹄》。

從以上的兩項發現，我們就不妨給予下列幾點討論：

一、形上基礎的定立

「歸」概念照《道德經》原義的理解，是宇宙論式的，是要說明天下萬物在生成變化的運作中，終究要回歸「道」；而這「道」概念的意義在老子中，比較明顯是客觀的，超越世界的存在。因此，老子的「復歸」概念，多在說明天下萬物回歸的運作；而人文世界的「歸」，除了主張社會回歸到「小國寡民」的原始社會之外，就沒有更具體的說明了⑱。

到了莊子，「道」就已經不再是在世界之外，或是高高在上的、超越的存在，而是內存於世物之中的。莊子與東郭子的對話，就完全展示了道的內存性⑲。當然，由於道內存於「物」與內存於「人」，其運作的精神不盡相同，以為「物」的回歸是自然而然的，而「人」的回歸則由於人的自由，需要「心齋」「坐忘」，使自己「同於大通」，然後與自然一起，回歸道處。

⑱ 當然，「復歸於嬰兒」（《道德經》第二十八、十六、五十五各章）等，是指人的回歸，但是，其涵義亦是，人要聽其自然，而不要用太多的人文因素來生活。

⑲ 《莊子・知北遊》。東郭子回答莊子「所謂道，惡乎在」的問題，先用動物，再用植物，三用礦物，最後用「道在屎溺」的回答，展示道的「無所不在」。參閱鄔昆如譯著《莊子與古希臘哲學中的道》，中華，民國六十一年五月，第六九—七〇頁。

宋明諸子更是超越了先秦道家的說法，而把形而上以客觀世界的一切，都化作內存的、以及主觀的心性；於是「回歸」的所有問題，都簡化作「回歸內心」的知和行。「歸」概念的意義，在宋明看來，已經不具有形上超越的意義，因而亦沒有離開主觀之外的客觀意義[20]。

但是，我以爲，事實上，作爲形上學意義的「道」概念，如果仍具有超越義以及客觀義的話，「歸」概念本身也就應朝向這超越及客觀邁進。當然，肯定「道概念」的超越及客觀性格，絕不等於否定了「道」本身的內存性以及主觀性。「道」的偉大處以及深奧處，原就在其同時是超越萬物獨立存在，但同時又是內存於萬物，尤其是內存於人心的主觀存在。同樣，「歸」概念的豐富涵義，也就由於它本身擁有內存與超越、主觀與客觀並存的原理。

二、實踐原則的運用

上面提到的形上基礎的定立，我們肯定了「歸」概念的形上義與內存義，同時亦肯定了它的主觀義與客觀義；這些肯定其實都是指導原則，是超乎時空、永恆都有效的原理。

在這種永恆不變的指導原則之下，由於感官世界的變化，以及人事的不定，於是在具體的人

---

⑳ 就連當代受宋明影響仍然極深的新儒家，亦用這種方式來理解「歸」概念，參閱王邦雄著〈道德經十六章的現代詮釋〉，《華學月刊》第一五〇期：「主觀的『觀』，才有復」。民國七十三年六月二十一日，第六頁。

生以及社會中，需要用另一種實踐原則，那就是莊子所稱的「用則因是」[21]。「用則因是」的實踐原則，不但用在知識論的層次上，而更用到具體的參與社會生活中。就像老子本人曾一度做過周朝的守藏吏，後來又出關退隱；又像莊子曾做過蒙的漆園吏，後來在釣於濮水的故事中，拒絕出來作官[22]，原就是這原則的運用。這也就是「天下有道，聖人成焉；天下無道，聖人生焉」[23]，或者「天下有道，則與物皆昌；天下無道，則修德就閒」[24]。

在社會政治的參與中，當然，道家遠不如儒家的積極。這也許是因爲，道家太關心一個人內在的修爲，而且，總覺得外馳的行爲，會妨礙內修。因而，在印度傳來的佛教，亦在有意無意之間，助長了這種內修的優位時，道家學說的內修中心，也就更爲突現了[25]。

但是，我以爲在社會政治的具體生活中，還是儒家精神的「知其不可爲而爲之」，比較落實，亦卽是說，道家和佛教的內修方法，可以用來陶冶心性；而儒家的積極參與政治社會，則是實現理想社會，所不可或缺的條件。

---

[21] 《莊子．齊物論》。
[22] 《莊子．秋水》。
[23] 《莊子．人間世》。
[24] 《莊子．天地》。
[25] 如蕭天石注《老子》，無疑地與宋明諸子一般。參閱《道德經名注選輯》第八册，第八六頁。

儒、佛、道的合一，也許才是中華文化的眞面目；同時，也是今後發展的目標。

結　論

藉著對「歸」概念的探討，我們一方面瞭解到《道德經》的宇宙論以及人生哲學的架構，另一方面亦看出道家形上體系的演變史，以及道家學說的根本目的。就在明瞭老子哲學的目標在於政治社會的撥亂返治之後，而不得不對其所提出來的「治本之方」的形上體系，有所疑問或責難。

首先就是「道生萬物」的課題：非物質的道，如何會產生出物質世界？因爲「生」不同於「創造」，前者是本質的流出，而後者則是「製造」，如果「生」有「創造」義[26]則罷了，否則，實不容易用「道生萬物」的原理，來解答現代哲學所提出來的問題。

再來就是「萬物歸道」的課題。在老子、莊子的哲學中，有一個很明顯的傾向，那就是「人」要擺脫肉體、物質的束縛，才能與道合一；這不是表示「道」本身的非物質性嗎？或是，至少道是不喜歡物質性的。這樣，「物我合一」的學說，又如何能與「與道合一」的寄望相輔相

[26] 如熊十力、方東美等人，就以「創造」來譯「生」。

成呢？

在宇宙體系的表解中，道家的確有西方形上學的智慧，能夠蔚成一個體系：從道開始，回歸到道；而這樣，「道」概念的確是非常接近西洋哲學中的「上帝」[27]，後者被稱為「開始」和「終了」。不但如此，就連「生」和「歸」二概念，也頗有「創造」和「末世」的意義。但是，如果認眞地探討起來，道家形上學和西方形上學之間，還是有許多相異點，而且是無法溝通的相異點。就如「上帝」概念，西方從柏拉圖、亞里士多德的體系，是比較容易走向「位格」的，亦即是說，它帶有濃厚的超越性格，相當不容易將之內存化。但是，道家的「道」，卻一直偏向於內存性，不但內存於萬物，而更內存於人心。也許，宗教中眞正的「上帝」概念，需要中、西雙方的交融，以及相輔相成之後，會顯得更完美。但這已是超越了本論文的範圍，而應另外寫一篇來探討了。

[27] Richard Wilhelm, Günther Debon, Stanislas Julian, Viktor von Strauss等人，都有這種見解，參閱鄔昆如譯著《莊子與古希臘哲學中的道》，同[19]，第三頁。

原始道家哲學「生」概念之詮釋

緒論

在中國諸子百家當中，被認爲最富形上色彩的哲學流派，首推道家。而道家形上學主要的是在於：一方面宇宙本體「道」的發現並闡微；另一方面從這「道」的本體開展了整個宇宙生成變化的起源及歷程，進而給人生哲學奠定了形上基礎。

本論文重點在於研究原始道家之「生」概念，屬於宇宙生成變化的起源問題和歷程問題，同時亦是給人生哲學奠定形上基礎的問題。

本論文所採用的方法：先是站在課題之外，以「歷史發展」作開始，客觀地探討從老子經莊子到列子的思想發展情形；進而用「內在涵義」，透視原始道家「生」概念的各種豐富內涵；最後以「當代意義」指出作者對論文本身，以及論文內容的批判。

在論文方法的形式之中，填上的內容，一方面是原始道家的經典：《道德經》、《南華眞經》、《冲虛至德眞經》中「生」概念的內涵，並參考歷代各家注解，尤其以方東美先生的注釋爲核心，來理解原始道家在這方面的意見；文中如有涉及外文翻譯問題，亦一併加入討論，以期彰顯道家在世界性哲學之地位。

壹、原始道家「生」概念的歷史發展

道家在先秦時代的發展，本論文依據老子、莊子、列子的順序❶，在形上學意義的探討中，來剖析「生」概念的用法，以及其原始意義。

一、《道德經》

老子《道德經》中「生」概念出現了三十六詞次，其中有十三詞次是宇宙生成論方面的意義。最明顯的，是第四十章與第四十二章所展示的：

❶ 這裡所依恃的理由並非考據上的成果；依嚴靈峯先生的意見，其順序應爲老列莊；筆者在這裡是以思想史的順序，認爲《列子》書中的神仙說已相當完備，而《莊子》書中寓言的意味較重，尚沒被仙丹方士之說迷惑，因而採取老莊列的順序。

天下萬物生於有，有生於無。（第四十章）

道生一，一生二，二生三，三生萬物。（第四十二章）

上面兩章指出了「道」與「天地萬物」的關係。這關係就是「生」。河上公注：「萬物皆從天地生，天地有形位，故言生於有也。天地神明……皆生道生，道無形，故言生於無。……道始所生者一，一生陰與陽也，陰陽生和氣濁三氣分為天地人也；天地共生萬物也。」

王弼則注為「有之所始，以無為本；將欲全有，必反於無也。」

河上公與王弼的注，似乎都把重點放在「有」「無」的概念上，其他各家的注釋也是如此，沒有把「生」概念的意義說出。最多是在重複並強調「生」概念，像「天下的萬物都是從『有』中生出來，『有』又是從『無』中生出來。」❷

當代研究老子的學者，開始對「生」概念發生了興趣。首先就是設法要以《道德經》整體思想，來注釋每一各別概念，可說是系統派的注釋，認為「這個『生』，並不是母子的關係；並不像一般動物，由母體產生另外一個全然獨立的子體。那麼『生』是什麼意思呢？我們知道宇宙萬物是萬象森然、清晰有別的。而道卻是恍惚混沌無分別的。……但道的這種混沌狀態是可以打破的；它可以因『道』的運動演變，而顯現出種種狀象來，等到狀象畢露時，那就宇宙萬物一一可

❷ 參閱嚴靈峯，《老子達解》，臺北：藝文印書館，民國六十年十月初版，第一七四頁。

辨。」❸

這種「生」的理解有「化」的意義，表示是「道」本身「顯化」而成萬物，而萬物本身因此是「道」的顯現。

方東美先生對老子「生」概念的理解，從第二章的「有無相生」開始，而認爲這「生」是把「有」和「無」二概念的相對比。但是，後來在形上「玄」的探討裡，卻把儒家的「生生之謂易」，對應於道家的「玄玄之謂玄」；認爲儒家講「重生」，而道家講「重玄」。這樣，道家「生」概念所展示的，是「創生」；而這「創生」又不像希伯來民族所信仰的，上帝只有一次的創造世界；中國的「創生」則不是一度的程序，而是不斷地創造❹。至於怎麼個創生法，則是借用了柏格森（Henni Bergson, 1859-1941）生命哲學的「創造」概念，用 Creatively creative creativity；而「道」本身的描寫，則是借用布拉得來（Francis Herbert Bradley, 1846-1924）對「眞理」所描繪的 Really real reality「眞之又眞」，而用「玄之又玄」（Mysteriously mysterious mystery）來形容❺。

---

❸ 張起鈞，《老子哲學》，臺北：正中書局，民國六十八年五月八版，第四頁。

❹ 方東美，《原始儒家道家哲學》，臺北：黎明文化事業公司，民國七十四年十一月再版，第一九〇頁。

❺ 同上，第二〇四頁。Thomé, H. Fang, *Creativity in Man and Nature* (Taipei: Linking Publishing Co., 1980), p. 85.

這裡的「生」富有神祕色彩，但與西方「創造」概念雷同；至少是運用了「創造」概念來注釋「生」概念。

西方人士在翻譯《道德經》時，所用的文字亦正表示其對同一概念瞭解的方向和程度。就如 James Legge (1815-1897) 在譯《道德經》第四十章時，用 sprang from 取代「生」，但在第四十二章時則用 produced譯「生」概念。sprang from 很有「生」的氣息，而 produced則嫌太機械化，太像「製造」了❻。

衞理賢 (Richard Wilhelm) 譯《道德經》第四十章用 enstehen in，而譯第四十二章時用 erzeugt。enstehen in 是說天下萬物以有爲基礎，而有則以無爲基礎，並沒有完全表達「生」的概念涵義。erzeugt 則是眞正的「生」，是「同質」的流出，是從母體產生子體的情形❼。

Günther Debon 對第四十章的翻譯很恰切，直接用 geboren，完全是「生」的直譯，但在第四十二章中，則改用 schuf，後者是創造的意思❽。

這種宇宙生成變化的理解的「生」概念，從中外的理解看來，不外乎三種說法，即是「生」、

❻ James, Legge, *Tao Te Ching and The Writings of Chuang Tzu.*
❼ Richard Wilhelm, *Lao-tse Tao-te-King* (Diederichs Verlag, 1957), pp. 83-85.
❽ Günther Debon, *Lao-tse Tao-te-King* (Reclam, 1967), pp. 71-73.

「創造」、「製造」；其中以「生」的原義較爲傳眞。至於對「生」的理解如何，則留待本文第二部分再詳加討論。

二、《南華眞經》

《莊子》書中「生」概念出現了二百五十一詞次。其中大部分的意義都不是講宇宙之創生，而是探討生命的意義，以及對生活情調的提昇。莊子在「生」概念的表出中，並不是傾向於形而上的觀點，而是在發揮生命情調。

對宇宙生成問題，《莊子》書中所用的概念，有時竟避免《道德經》的「生」概念，而用「出」字，就如「萬物出乎無有」（〈庚桑楚〉）；或者用「起」字，如「泰初有無，無有無名，一之所起，有一而未形」（〈天地〉）；或者根本就用「始」概念，如「有始作者，有未始有始也者，有未始有夫未始有始也者；有有也者，有無也者，有未始有無也者，有未始有夫未始有無也者。俄而有無矣，而未知有無之果孰有孰無也」（〈齊物論〉）。

莊子與老子都認爲宇宙有始，都設法在說明宇宙生成論，而老子特定用「生」概念，而莊子則把「生」概念歸屬於生命、生活，而不以之作爲宇宙生成之解釋。

莊子的生命情調，表現得最爲徹底，就是「天地與我並生，萬物與我爲一」（〈齊物論〉）。這種把人的生命，與天地萬物的生命看成一體，而共生共存；而最後發現這整體生命的源頭就是

「道」本身，而說出「道通爲一」（〈齊物論〉）。人間生命與萬物存在的模式一般，固然有許多和諧共存的情況，但亦有許多荒謬、矛盾、對立、相反、衝突存在，這一切，莊子都用「道通爲一」的原理來統合，使其變成對立統一 Coincidentia oppositorum❾。

「道通爲一」的原理，也只是莊子生命哲學的指導原則；另一個實踐原則則是「用則因是」，這都是在〈齊物論〉中的核心課題。「用則因是」的用法，也就因時地而異的生命態度，像「天下有道，聖人成焉；天下無道，聖人生焉」（〈人間世〉）。這裡的「生」概念在積極參與政治社會生活時，有消極的意義，可是，在把自身消融於道之中時，則是積極性的生命情調。

方東美先生在注解《莊子》時曾說：「莊子的精神表現在那兒呢？在『天地與我並生，萬物與我爲一』。所謂『天地與我並生』，是說一個人同屬大宇宙的『敵意』化除掉了。在哲學上面就是說這個人有一種同宇宙相契合的能力。把個體的精神可以化除掉，而投入宇宙裡面的造物主。然後每個人在精神上變做造物主的化身。」❿

這種「與造物者遊」的「生」活，以及活「造物主」的「生」命的人，也就成了「至人」、「神人」、「眞人」、「聖人」。但是，這種崇高的境界並不同於俗世的英雄，而是「至人無

❾ 這裡借用 Nicolaus Cusanus 的名言，作爲矛盾統一學路的理解。參閱鄔昆如譯著，《莊子與古希臘哲學中的道》，臺北：中華書局，民國七十一年一月三版，第二〇二—二〇三頁。

❿ 方東美，《原始儒家道家哲學》，臺北：黎明文化事業公司，民國七十四年十一月再版，第二五八頁。

己，神人無功，聖人無名」⓫。

《莊子》書中「生」概念內涵非常豐富，但都不外乎說明一個人的生命應該提升，擺脫俗世的想法和做法，而到達「與造物者遊」的境界，而把生命消融在道的運作之中，而這個與道合一的人，也就成了至人、神人、聖人、眞人。

三、《冲虛至德眞經》

「生」概念在《列子》書中的重點，放在擺脫人間世的所有束縛上，其華胥氏之國以及列姑射山（〈黃帝〉）的描繪，都在說明人可以靠修練而達到神仙的地步，而生活在超乎物理、生理束縛的世界。如此，如果老子的「生」概念重點在宇宙生成變化，而莊子則在生命情調，到了列子，則落實到生活層面，而這生活已不是人間世的生活，都是神仙的生活。莊子的至人、神人、聖人雖有超越的生命情調，可是仍舊生活在人間世中；而列子則把人生安排在神仙境界。

從莊子的精神不朽，到列子的肉體不朽，原是原始道家思想發展的脈絡；到後來的魏晉的葛洪，則已經陷入煉丹的桎梏中了。

這種俗化的思想，列子也表現在宇宙生成論中，就如「久竹生青寧，青寧生程，程生馬，馬

⓫ 同上。

生人。人久入於機。萬物皆出於機，皆入於機」（〈天瑞〉）。這是延伸道生萬物的原義，庸俗化了，而沒有什麼哲學的意義。

俗化的見解在得失禍福中，亦表現無遺。就如「可以生而生，天福也；可以死而死，天福也。可以生而不生，天罰也；可以死而不死，天罰也。可以生，可以死，得生得死，有矣」（〈力命〉）。

俗化進入命運的探討時，便無法超脫現象界的迷惑，就如「天地萬物，與我並生類也。類無貴賤，徒以大小智力而相制，迭相食，然相爲而生之，人取可食者而食之，豈天本爲人生之。且蚊蚋噆膚，虎狼食肉，非天本爲蚊蚋生人，虎狼生肉者哉？」（〈說符〉）。

道家精神沒落的跡象，開始於其俗化，認爲肉體的不朽與神仙的生活，才是人類生命的最高境界，後來道教興起，採取煉丹、畫符等俗念，攀附黃老，而汙染了道家的哲學精神，同時掩蓋了道家的哲學慧命。

貳、原始道家「生」概念的內在涵義

從上面極濃縮的「歷史發展」看來，「生」概念在原始道家的意義，一方面有宇宙生成變化的關鍵字眼的作用，另一方面有生命情調的境界，還有生活層面的落實。而在這三種層面不同的意義中，「生」概念都發揮了應有的功能。

一般研究道家哲學的學者，大都把「生」概念安置到生命情調的範圍內，加以研究和發揮；認爲道家在中國哲學的貢獻，主要的是提升生命境界。方東美先生在關於道家哲學的講義中，也就是以莊子的〈逍遙遊〉以及〈齊物論〉爲中心，說明人性的超升，如何達到「寥天一」的境界，而意識到「天地與我並生，萬物與我爲一」的存在階域⑫。

老子《道德經》中「生」的原理，原是宇宙生成變化的理解，在存在次序上應是優先的；亦即是說：老子是靠著對「玄之又玄」的默觀，而獲得這種「天下萬物生於有，有生於無」的道理，以及「道生一，一生二，二生三，三生萬物」的進程。因爲有了這種「道生萬物」的理解，所以才覺到人類的生命是和道共長久的，而「長生久視之道」的發揮，應是在實踐哲學上，隨著宇宙論的原則而來⑬。而再次在生活層面，導引出「不自生，故能長生」的結論。

---

⑫《莊子．齊物論》，第二五二頁。

⑬在這裡，筆者並不完全認同方東美先生在這方面的理解，方先生認爲宇宙論的理解，應是人生體驗的成果，恰好與存在次序顚倒了。他說：「道家老子走的路，是從現實世界把它推到玄之又玄，再以『反者，道之動』，迴歸到宇宙的祕密本原。這是道家的哲學上迴向上到那一個最高點的祕密之後，再迴下來，根據宇宙論……『道生一，一生二，二生三，三生萬物』一直展開來。」《方東美先生演講集》，臺北：黎明文化事業公司，民國六十七年八月初版，第一八二頁。

因而，原始道家最先要肯定的，是「道生萬物」的宇宙論立場，而在這立場中，「道」與「世界」的關係才可以釐定，而這「生」概念的理解，最好還是以其原義的「生」，而非延伸意義的「化」、「創造」、「製造」。

「生」概念所展示的，是母體與子體的同質；因爲「生」是一種「流出」(emanatio)，是子體從母體流出，並非創造者利用工具，利用質料，製造出一種東西；甚至亦非「從無創造」(creatio ex mihilo)；因爲「從無創造」時，創造者與造物間的存在階層就不同，不是同質的。

「道」與「萬物」在道家原義中是同質的，莊子的「道無所不在」就足以證明這點⑭。這樣，在形上基礎上，「道」的無所不在，指出道與萬物的「同質」，這也正是「生」的特性。也就是由於這特性，萬物的生命就「分受」了道的生命；萬物是生存在「道」之中，而「道」亦不斷地「運作」在萬物之中。

從這種默觀導引的結論，也就說明人生應以道爲規範：道的無爲，也就指陳出人生的無爲，

---

⑭《莊子．知北遊》：「東郭子問於莊子曰：『所謂道，惡乎在？』莊子曰：『無所不在。』東郭子曰：『期而後可。』莊子曰：『在螻蟻。』曰：『何其下邪？』曰：『在稊稗。』曰：『何其愈下邪？』曰：『在瓦甓。』曰：『何其愈甚邪？』曰：『在屎溺。』東郭子不應。」……無所不在指出道的無限性和內存性。參閱鄔昆如，《莊子與古希臘哲學中的道》，第六八—七〇頁。

政治的無爲；而把無爲當作是最大最好的有爲。到最後，抽離出「無」，作爲道的特性。這種否定詞的用法，完全是道家「順自然」，以爲自然界的一切都無所做作，像嬰兒一般，完全出自自然、樸素，反對人爲與刻意⑮。

「生」概念所保證的，因而也就是道與天地萬物本體的合一，以及道的運作與人生思言行爲的合璧，也就因此，把道家安置在中國哲學實踐取向時，同儒家哲學一般，注重實踐，注重把自己消融在道之中；這忘卻自己，讓道單獨運作的方式，極似神祕進路的忘我（Ek-stasis）精神⑯。

在這裡形而上根源處，方東美先生把「生」概念歸於《易經》的「生生之謂易」，認爲「生」是儒家的「天地之大德曰生」；而以「玄玄」讓給道家形上學的基礎，用「玄玄之謂玄」來形容道的本質⑰。很重要的一點是：認爲如果儒家在這方面萬一沒落了，道家的思想可以出來拯救⑱。這拯救的方法也就是回歸到「玄」的默觀，而默觀出其「道生一，一生二，二生三，三生萬物」的過程，一方面去瞭解「天地之大德曰生」，另一方面去窺探「生生之謂易」。儒、道二家

⑮ 參閱本書第一篇，〈否定詞在道德經中所扮演的角色〉。

⑯ 參閱鄔昆如，《莊子與古希臘哲學中的道》，第二五〇頁。

⑰ 參閱方東美，《原始儒家道家哲學》，第一七七—一七八頁。

⑱ 同上，第一七七頁。

在這宇宙論的最高本體與功能上的觀點，原是互通的，相輔相成的。

從「生」到「生命」，再到「生活」，原就是「道」的外顯和落實的進程。而這進程所經歷的道路，也正是向下之道，是由道出發，走向世界，走向人生。但在另一方面，人間世的生活必須找回它原始生命的意義，更重要找回生命的根源；那就是人生的向上之道，同時亦是回歸之道。老子早就看出了這「歸」和「復」的涵義⓳。

「歸」和「復」與「生」概念是相對的動詞，共同締造了動態宇宙，同時亦指示了「道」在「生」萬物，而又導引萬物「歸」於道的本身。下表可展示這方面的思想：

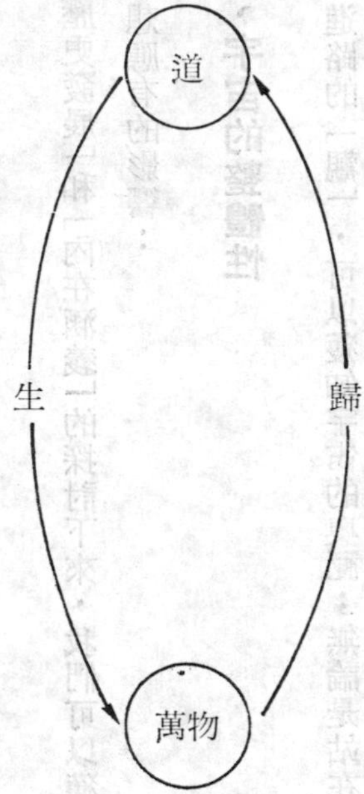

⓳《道德經》第十六章：「致虛極，守靜篤，萬物並作，吾以觀復，夫物芸芸，各復歸其根，歸根曰靜，是爲復命。」

叁、原始道家「生」概念的當代意義

從上面「歷史發展」和「內在涵義」的探討下來，我們可以獲得下面的幾點結論，作爲「生」概念對當代思想應有的影響：

一、宇宙的整體性

透過神祕進路的「觀」，可以獲知宇宙的奧祕；無論是站在「有」的立場，即用可視世界或感覺世界的立場，或是站在「無」的立場，即用純思考的能力，都可以默觀到「去」的奧祕；這也就是「故常無，欲以觀其妙；常有，欲以觀其徼……玄之又玄，眾妙之門」（《道德經》第一章）。

而這整體性的「玄」，是由於「生」概念的連繫獲得。「道生萬種」的原理，使萬物與道同質，因而亦同性同體，同是一個存在。

因此而推衍出人的生命與道同生，更伸引出人的生活應該活出道的生命來。這生命情調是靠「天地與我並生，萬物與我爲一」的自覺；從這神祕進路默觀出「生生之謂易」，以及「玄玄之謂玄」，來瞭解道，同時參與道的運作。

這就導引出下一項的結論：

二、生命情調的開展

人生在世最困難的莫過於化解不開對立、矛盾、荒謬、疏離的痛苦，而道家生命情調所開示的，也正式設法用「以道觀之」的立場，化解所有的對立和矛盾，站在「永恆形相之下」(sub specieaeternitatis) 來看世界，來看人生，自然就能獲得「道爲一」，亦即是「對立和諧」(coincidentia oppositorum)。以和諧的心境來看人間世，才能過一個「順自然」，沒有爭端，避免衝突的生活。

在對立中窺見和諧，還是生命情調的消極面，在積極的運作上，則是提升精神於太虛，像莊子〈逍遙遊〉或是〈秋水〉的超越精神，一直超升到寥天一處，與造物者遊，感覺到「天地與我並生，萬物與我爲一」，亦即是與道合一的境界。

三、生活智慧的抉擇

「道通爲一」是〈齊物論〉中的指導原則，〈齊物論〉還有實踐原則，那就是「用則因是」。實踐原則原就是在人間世生活所必備的生活智慧，其目的在於完成指導原則。「天下有道，聖人成焉；天下無道，聖人生焉」(〈人間世〉)。行止的智慧抉擇，原是道家特有的貢獻。莊子的生平本身就彰顯了這種抉擇的智慧，尤其是他在「釣於濮水」與楚國二大夫的對話和決定⑳。

道家的生活智慧原是提升精神生命的，但是，後來卻同神仙家混在一起。「神仙家本來是要把握自己的生命，但在遷就現實之後，結果不再把握自己，卻轉變過來，把握別人的生命。這樣一來就講到權、術、勢。以致於神仙家的思想很容易同法家的思想結合起來。這樣一來，到了秦漢之際的時候，道家就不再是哲學的智慧，卽變成什麼呢？在秦漢之際叫『黃老之術』，在漢代叫『黃生之學』。自從黃老之術侵到道家思想裡面，就腐蝕了道家高尚的哲學智慧。」㉑

神仙思想已經在道家第三代《列子》書中出現，到了葛洪的《抱朴子》，根本成了煉丹之術的迷信了。

生活智慧不是延長肉體生命於無窮，更非擺脫物質束縛以自由，卽是發揮生命情調，讓精神生命與道融爲一體，來「復歸」於道的原始境界，亦卽是道尙未「生」萬物的原始境界。

萬物從道而「生」，而又復「歸」於道，這是道家哲學的整體濃縮，是形上架構的全面體認，至於生命情調，生活智慧，都莫不是在道的「生」，以及其所領導的復「歸」運作中完成。

---

⑳《莊子・秋水》。

㉑方東美，《原始儒家道家哲學》，第一七八頁。

結論

原始道家「生」概念，從老子的宇宙生成論出發，經莊子的生命情調及列子的生活智慧，而完成於整體觀中。「生」的原理不但在原始道家重要，就是原始儒家，亦以之作爲宇宙生成變化的原理原則。在今天機械唯物充斥的時刻，對「生」的研究和體會實現，的確是人類文化所必經之途。爲了避免人的「物化」以及「機械化」，道家的「生」概念確是一化解之道。

事實上，把老子學說定位在宇宙生成論，而把生命情調歸於莊子，列子則分到生活智慧，只是論文寫作上的方便。事實上，老子《道德經》內皆富有宇宙生成論、生命情調與生活智慧三者，同樣，《莊子》和《列子》書中，亦都有這三種思想。筆者之所以用三分法來處理「生」的概念課題，完全是由於三位哲學家的重點，以及方便一途。

但是，無論老子、莊子、列子，亦無論宇宙生成論、生命情調、生活智慧，都是原始道家的智慧財產，同時亦是中國哲學的創見，於此時此地哲學文化不發達的情形下，來探討傳統智慧，是必須的想法和做法。同時，在「生」概念的注釋中，亦可看出當代大哲方東美先生對此一概念的理解。

老莊教育哲學理念

緒論

中國古代傳統教育重全人教育，其中儒道二家在這方面所扮演的角色，相當不同。從老子所開創的道家，對全人的概念，重心放在至人、眞人、神人之上；而從孔子所開始的儒家，則以君子和聖人爲全人的理想。出現在莊子書中的至人、眞人、神人，比較偏向於人的「獨立性」或是「個別性」；而孔、孟著作中的君子和聖人，則具有「群體性」和「社會性」。如果把人生的定位，安排在縱的以及橫的二個座標來看的話，則縱的座標指示出：一個人生存在天和地之間，而教育的目標於是指向「如何頂天立地」；這種獨立人格的養成，特別由道家來肩負。再來是橫的座標，即是一個人生活在人與人之間，是群體性和社會性的完備；所要求於人的，也就是「如何出人頭地」的教養；後者的人際關係是具體的，由儒家學者所擔任。

「如何生存在天和地之間」所展示的獨立性和個別性，由於自由選擇的可能性較多，其發展的空間也較大；因而，論及如何去實踐的問題，不易正面找得合適的詞彙；也就因此，道家從老子開始，就以獨白的方式，表明了他的方法走向，而動用了許許多多的否定詞；希望透過「存而不論」的消極方式，終能剝落那些錯誤的、不足的論點，而以否定的方式，希望突現最終的眞實。這也就是道家思想的特色：否定之道或是消極之道（Via negativa）。反過來，人際關係的社會性和群體性所牽引出來的問題：「如何出人頭地」，則是非常具體的，而且可以很有系統地排列出各種德目；因而，儒家在這方面可以走肯定的方式，其特色也就是：肯定之道或是積極之道（Via positiva）。

在教育哲學的方法上，因而儒道二家是分道的，各走各的路。儒家兼顧的言教和身教，在道家的心目中，是要身教而不要言教的。道家的「不言之教」成爲道家教育理念的核心思想。因而，相對於儒家的「有教無類」以及「因才施教」，道家是以「不言之教」作爲教育哲學理念的。

我們且分成三部分，來探討道家教育理念，而特別把重心放在老子和莊子身上。首先是「史的發展」，是站在道家教育哲學理念的外面，客觀地窺探從老子到莊子的思想進程。第二部分是「內在涵義」，是進入道家教育理念的核心，去體驗老莊在這方面的見解內涵。最後是「當代意義」，說明老莊教育理念在當代的教育情況下，所可能給予的啓示，以及所可有的貢獻。

壹、老莊教育哲學理念的歷史發展

一、從「行不言之教」到五千言的「獨白」

老子的著作只有五千言，不可謂不精簡；但是，內容卻極其豐富，包含了哲學應有的全部內容：宇宙與人生。不過，就文體看，《道德經》完全是一「獨白式」的，是一篇攸長的自言自語。五千言中根本沒有人稱代名詞的「你」或「他」，而第一人稱代名詞的「予」「吾」「我」「聖人」等，卻出現了三十七詞次。獨白式是否也啓示了什麼？是否在印證「民至老死，不相往來」（《道德經》第八十章）的消極表達？或是在延伸「獨與造物者遊」以及「獨與外死生無終始者爲友」（《莊子．天下》）的積極說法？

老子在這裡，基本上是斬斷任何的人際關係，也就因此在教育的理念上，提倡了「不言之教」。

「不言之教」在表面的意義，自然就是與「言教」相反；而且，字義的表面，是不用語言的教化。不用語言如何教化呢？這是第一層的問題。問題的第二層，不用語言教化的理由何在？

老子生當春秋，其時禮壞樂崩，周室衰微，正如孟子所記述的：「世衰道微，邪說暴行有作：臣弑其君者有之，子弑其父者有之」（《孟子·滕文公下》）。在這種背景下，英雄豪傑四起，各據山頭，紛紛獨立，不聽周天子之命。在另一方面則是仁人志士，憂患文化沒落，民生凋零，而出來教化，也如孟子接著上一句說的：「孔子懼，作春秋」（同上）。孔子的出面，公開諸侯們的野心，多少亦收到了嚇阻之效。這也就是「孔子成春秋，亂臣賊子懼」（同上）。孔子的「懼」是憂患意識，是害怕文化衰退；而亂臣賊子的「懼」則是害怕自己的惡行被揭發。這點都是由於「教化」之功，而且是透過著述的「言教」而成。

老子要行「不言之教」，其意義相當不尋常。首先，我們得瞭解《道德經》用字的特性：《道德經》五千言中，有五百四十五詞次的否定詞，從比較輕微的「小」「柔」「弱」「寡」「希」等，發展到「莫」「非」「外」「絕」「棄」「不」等較強勁的否定，一直到否定的本身「無」，共有六十四層不同等級的否定形式。其中一個「不」字就出現二百三十七次，「無」字出現九十八次❶。上面提到的，道家思想的特色，是走「否定之道」，一點沒有誇張。

可是，問題在於「否定之道」，是眞的「否定」嗎？還是說：透過否定，以突現出肯定的眞實？透過否定，以期獲得更強有力的肯定？

要瞭解這些問題，我們且先羅列老子有關「不言」的章節：

---

❶ 參閱本書第一篇，〈否定詞在道德經中所扮演的角色〉。

處無為之事，行不言之教。（《道德經》第二章）

不言之教，無為之益，天下希及之。（同上第四十三章）

天之道，不爭而善勝，不言而善應，不召而自來。（同上第七十三章）

知者不言，言者不知。（同上第五十六章）

吾言甚易知，甚易行；天下莫能知，莫能行。（同上第七十章）

信言不美，美言不信。（同上第八十一章）

多言數窮，不如守中。（同上第五章）

正言若反。（同上第七十八章）

從以上對「言」的意見，可見老子並不反對「言」，就單在「行不言之教」的「行」字，也就在實踐。當然，關鍵性的問題還是否定詞「不」字，而否定詞的思想體系相當龐大複雜，就從前面提及的諸多否定詞的意義看來，最終且最徹底的否定是當作名詞的「無」。因爲「無」本身是「道」。且看

天下萬物生於有，有生於無。（《道德經》第四十章）

道生一，一生二，二生三，三生萬物。（同上第四十二章）

單從這兩章的宇宙生成論看來，「道」就是「無」。

這樣，老子用否定詞來呈現「道」，而且把「否定之否定」❷作爲道的本體。於是，否定詞系列的用法，似乎是越否定越眞實，而最終至「否定本身」時，就是最高之存在「道」。「無」的本體是「道」的實有，這也就是哲學中「否定之路」的吊詭，因爲用了相反的語詞，來展示正面的東西，「正言若反」的意義，反過來瞭解時，也許就知其中奧祕。

「無」用在動詞時，最具代表性的就是「無爲」。而「無爲」與「不言」之間的關係，卻是非常密切的，不但止因爲「不」字在這裡是「否定詞」，否定隨著來的「言」，而與「無」字否定隨著來的「爲」一般；而且是老子特地安排了「無爲」與「不言」共同出現。《道德經》第二章的「處無爲之事，行不言之教」，把「無爲」與「不言」對舉；第四十三章的「不言之教，無爲之益，天下希及之」，又把「無爲」和「不言」並列。

這樣，如果「無爲」基本上是「無不爲」（《道德經》第三十七章：「道常無爲，而無不爲」，第四十八章：「爲道日損，損之又損，以致於無爲，無爲而無不爲」），則「不言」也許就可以變成「無不言」；至少，老子無論在第一章開始就以「道可道，非常道」出發，而又用「不言之教」來表達，但是還是用了五千言，亦可說從「不言」而進入到「無不言」的境地。

我們先跳過第一個問題的用「不言」如何教化的問題，首先處理爲何要用「不言」來教化？

---

❷ 此處借用黑格爾的詞彙「否定之否定」(Negation der Negation)，作爲「正」與「反」之間，提升一層的「合」的境界。

亦即是說，「不言之教」才是教化的正途，究竟奠定在什麼樣的思想基礎上？「言」的不適用於教化，在消極的陳述上，老子的「信言不美，美言不信」，不就道出了「言」本身的限制？還有「知者不言，言者不知」，不也在限制著教育者施教的可能性？

前者暗示了「言」本身無法單獨存在，而有「美言」與「信言」的區分，而這兩種區分又是互相對立的，無法共存，更無法共融的。「美言」是主觀的感受，受教者是喜歡聽美言的，可是美言卻無法提供眞理，因爲它沒有信實；反過來，「信言」雖有客觀眞理的內涵，但卻是受教者情緒上不喜歡聽的。「信言」與「美言」的無法融通，也就設定教育方式是要採取「不言之教」。

至於「知者不言，言者不知」的教誨者而言，「言」與「知」亦無法並存。「知」的理解無論是知識，或者是智慧，在這裡都沒有差別。從這裡推論下去，所有「言教」都是不智的，或是無知者的教誨，而智者是不用言教的。這種想法也必然會導引出「不言之教」。

我們在這裡，不必提前用批判的眼光來看，究竟「美」和「信」是否互相矛盾；或者，「知」和「言」是否對立；而只要瞭解到老子在《道德經》中，設法去辯證「不言之教」的好處和合宜處。

當然，老子本身也的確瞭解到自已的「不言之教」以及「無爲之事」的自然主義學說，不容易獲得學理上的認同，也無法使人去躬身力行，因而也感嘆出：「吾言甚易知，甚易行；天下莫能知，莫能行。」

雖然如此，老子還是寫下了他「不言之教」以及「無為之事」，表明了自己的見解。

在這裡，吾人就逐漸進入到「如何行不言之教」的課題中。正如「如何處無為之事」的問題一般，文字的表面的「否定詞用法」的意義，恰好與實質意義相衝突。要辯證「不言之教」，又非得用「語言」不可，這種吊詭是道家「否定之道」本身的難題，這難題很可能找不到任何答案。但是，在學術探討中，「不言之教」中的諸多語言的用法和用途似乎還是要用「後設語言」(Meta-language)來處理。

二

從為何要「不言之教」走向「如何」用不言之教的課題，似乎是從老子走向莊子的思想發展，那就是「不言之教」改變成「寓言之教」的進路。

首先，莊子的承傳老子的思想，繼續強調「不言之教」的指導原則。〈德充符〉篇出現的「不言之教」；〈天道〉篇和〈知北遊〉篇的「知者不言，言者不知」，都出自《道德經》的篇章。

從老子《道德經》的獨白，到莊子的寓言對話，原是道家思想，在運用語言形式上的轉變；這轉變同時亦使「不言之教」走向「寓言之教」的不同形式。

《莊子》的寓言算是全書的靈魂，把寓言抽掉，莊子的許多論點就不容易突現出來；縱使能表現意義，也將是死寂的、表面的、沒有深度的，更顯不出智慧的筆法。莊子寓言中的「教」，首先呈現在「釣於濮水」那段對話：

> 莊子釣於濮水，楚王使大夫二人往先焉。曰：「願以境內累矣。」莊子持竿不顧，曰：「吾聞楚有神龜，死已三千歲矣。王巾笥而藏之廟堂之上。此龜者，寧其死為留骨而貴乎？寧其生而曳尾塗中乎？」二大夫曰：「寧生而曳尾塗中。」莊子曰：「往矣！吾將曳尾於塗中。」（《莊子・秋水》）

莊子以龜的生死，來表現自己選擇不爲官的理由，並以之作成對話的形式，大有蘇格拉底催生術的方法，來引導楚國使者對事情的瞭解，並傳達其「天下無道，聖人生焉」（《莊子・人間世》），以及「天下無道，則修德就閒」（《莊子・天地》）的志向，而拒絕了楚王許的相位。以「無爲」和「自然」作爲生活的最高形式，原就是道家教育的重點之一，而表現的方式，也是「否定之道」。

寓言之教典型的寓言模式，還是利用道家所瞭解到的仲尼和其鍾愛弟子顏回的對話，那就是「坐忘」與「心齋」。

> 顏回曰：「回益矣！」仲尼曰：「何謂也？」曰：「回忘仁義矣！」曰：「可矣！猶未也。」他日復見，曰：「回益矣！」曰：「何謂也？」曰：「回忘禮樂矣！」曰：「可矣！

猶未也。」他日復見，曰：「回益矣！」曰：「何謂也？」曰：「回坐忘矣！」仲尼蹴然曰：「何謂坐忘？」顏回曰：「墮肢體，黜聰明，離形去知，同於大通；此謂坐忘。」

（《莊子·大宗師》）

這裡所提出的教導，基本上仲尼並沒有「積極」地教導什麼，只在「消極上」一層層指出「猶未也」，顯然是「否定之道」的運用。顏回修成的三個階段，都是由自己所完成的，他只是虛心地，每完成一階段就請教老師，但所獲得的答案則是「否定之道」，並沒有「肯定之道」的指示。這種方式也許正是道家注釋孔子的「因材施教」的原則。

三階段的思想進展，先是抽象的德行概念的「仁義」，繼則是具體實踐的「禮樂」，最後是自身的「存在」。有了這三階層的否定之後，才進入與道合一的「同於大通」的境界。道家的方法進程是「否定式」的「剝落」，但是到最後獲得的境界，卻是積極性的「與道合一」。

這層級的否定法，原就是道家在催生人的智慧時，消除各種障礙的方法，其否定之否定的最高否定，是否定本身的「無」。但是，「無」才是道的第一層特性。道就是「無」。這在「天下萬物生於有，有生於無」（《道德經》第四十章），以及「道生一，一生二，二生三，三生萬物」（同上第四十二章）二處內容，就足以瞭解「道」與「無」的關係，二者間是應該劃上等號的。

不言之教在另一處的顯示，也就是「心齋」，莊子說：

一若志。無聽之以耳，而聽之以心；無聽之以心，而聽之以氣。聽止於耳，心止於符。氣也者，虛而待物者也。……虛者，心齋也。（《莊子・人間世》）

耳、心、氣作爲「聽」覺的器官，而層級上升，還是利用了層級的否定法，來達到「心齋」的地步。

「心齋」和「坐忘」是莊子用來擺脫塵世的束縛，而走向「與道合一」的境界。都是走的「否定之道」的「不言之教」。

《莊子》書中，到處充滿著寓言，都是用具體的事物來展示背後蘊涵的意義。無論〈逍遙遊〉中的大鵬，或是〈秋水〉中的海若，表面看來都是神話，但卻有豐富的寓言意味。這些寓言之教，從莊子開始，貫穿了往後的道家思想。像《列子・湯問》的愚公移山，像〈天瑞〉的杞人憂天，都成爲中華文化中許多成語的淵源。道德進路的中華文化，不但由儒家的肯定之道（積極之道）所開展，而且亦由道家的寓言所承接及廣揚。

貳、老莊教育哲學理念的內在涵義

因爲老子用的是「不言之教」，也就因此其「言」就不易獲得正面的認同。難怪老子自己也感嘆：「吾言甚易知，甚易行；天下莫能知，莫能行」（《道德經》第七十章）。在教育的方法上，老子所採用的「否定之道」的確站在下風，而沒有像孔子所開展的儒家，所開展出來的「禮義之教」的具體；也就因此，其可知以及可行的程度，也就在儒家之下。

可是，就智慧層面而言，教育不用「言教」，並非一定是等而下之的方法；它甚至可能是教育方法的上乘。我們這就分成教育目標、教育對象、教育內容等幾個面向，來審查老莊教育理念的內涵：

一、教育目標

無論《老子》書中的聖人，或是《莊子》書中的至人、神人、眞人，都是理想人格的完成，是個人修養成的完美人格。可是，這些完美人格的概念和境界，卻又不是積極性、肯定句的表達，反而是消極性、否定性的描述。「至人無已，神人無功，聖人無名」❸（《莊子・逍遙遊》）的「無」概念，就是「否定」式的表達。再來是「形如槁木」以及「心如死灰」（《莊子・齊物論》），把自已的存在都遺忘，眞正到達「無」的境界，也正是「心齋」和「坐忘」功夫所能達到的「忘我」地步。

---

❸ 此處的「無」，德籍漢學家衛理賢 (Richard Wilhelm) 將之譯成「超脫」，在意義上說得過去；但在深層的「否定之道」上，卻未必完美。參閱 Richard Wilhelm, *Lao-tzu Tao-te-King—das Buch vom Sinn und Leben*, Diederichs, Düsseldorf/Köln, 1951, S. 38。

也就因此，老莊教育在終極目標上是達到至人、神人、眞人的境界；可是，其方法運用上，短程目標或眼前的目標上，卻針對著一個人，如何使自己「忘掉自我」。因爲，唯有忘掉自我，才能使自己與道合一，才算是人性發展完美的眞人、至人、神人。

老莊的教育是全人的教育，而其全人的理念則是無束縛：「無己」「無功」「無名」。這些「無」的否定形式，支持了「不言之教」的「不」，同時，也在奠定與「道」合一的契機；這契機的玄妙處則是道體本身的「無」，同時各種道用的「無爲」。「無爲」與「不言」形成層次相同、面向不同的教育方案。

在莊子的「寓言之教」中，「無爲」表現得最特出的，還是其所描繪的「至德之世」。前面的至人、神人、眞人是個人的完美，當然是老莊的教育目標；但這目標不限於個別性的完成，還有群體性以及社會性的完美，那就是「至德之世」的理想社會。

在老子《道德經》中，完美的社會描寫很簡單，就是：

> 小國寡民，使有什伯之器而不用；使民重死而不遠徙。雖有舟輿，無所乘之；雖有甲兵，無所陳之。使人復結繩而用之。甘其食，美其服，安其居，樂其俗。鄰國相望，雞犬之聲相聞，民至老死不相往來。（《道德經》第八十章）

這一章的內容，爭論最大也叫人最無法理解的，就是最後那句「民至老死不相往來」。因爲，既然是一個完美的社會，又既然是「安其居，樂其俗」，爲何又要斬斷人際間的交往關係？

在本文第一部分「史的發展」中，筆者已經指陳出，這原是老子「獨」的性格，不但整篇《道德經》都是「獨白」，而且在描寫社會群體時，亦沒有「你」或「他」等人稱代名詞；同時亦指出莊子在對這「獨」的詮釋，是「獨與天地精神往來」是「上與造物者遊，而下與外死生無終始者爲友」(《莊子·天下》)。這原是沒有橫的人際關係，但卻加深了縱的天人關係；換句話說，就是「人與道」的關係。「與道合一」一方面是個人獨立性的完成，另方面亦是個人群體性的基礎。

也就因此，在這個社會性、群體性的完美中，莊子跟隨著老子，描繪了他的理想社會藍圖：

> 夫至德之世，同與禽獸居，族與萬物並，惡乎知君子小人哉？同乎無知，其德不離；同乎無欲，是謂素樸，素樸而民性得矣。(《莊子·馬蹄》)
>
> 子獨不知至德之世乎？……當是時也，民結繩而用之，甘其食，美其服，樂其俗，安其居。鄰國相望，雞狗之音相聞；民至老死而不相往來；若此之時，則至治已。(《莊子·胠篋》)

這種「無」橫的人際關係的社會，原是反對過分的禮義，卻並不反對「自然」的，以及「樸素」的原始社會情形。老子在《道德經》中所提出的：「我有三寶，持而保之：一曰慈，二曰儉，三曰不敢爲天下先」(《道德經》第六十七章)。三寶中的「慈」應是中華文化道德取向的共命慧，無論是樸素性的自然道德，或是寬厚待人，或者是慈悲情懷，都是人際關係的德目。第三寶的「不敢爲天下先」雖不一定完全等於「謙讓」，但至少包含了「讓」的精神，亦是人際關係的美德❹。

「無爲」在人際關係的社會中，的確也有「無不爲」的智慧在內。

二、教育方法

前面提及的「不言之教」也好，「寓言之教」也好；在方法上修習的「心齋」也好，「坐忘」也好，都是老莊教育方法的特性。老莊一方面要教人「成己」，使人達到至人、神人、眞人的境界，另方面又要引導人去建立理想的社會「至德之世」，達到「成人」的地步。而其方法則界定在個人修持的「無爲」「自然」。其反對做作的理由，在莊子「渾沌之喩」中，表現得極爲精彩：

南海之帝為儵，北海之帝為忽，中央之帝為渾沌。儵與忽時相與遇於渾沌之地，渾沌待之甚善。儵與忽謀報渾沌之德，曰：「人皆有七竅，以視聽食息，此獨無有，嘗試鑿之。」日鑿一竅，七日而渾沌死。（《莊子・應帝王》）

❹ 有關老子的「三寶」問題，尤其是第三寶的「不敢爲天下先」，在《道德經》五千言那末節省用字的情況下，爲何不用同義的「謙讓」或「禮讓」，或是如老子的「否定之道」的「不爭」，都成爲詮釋家猜測的重點。

就連自以為報恩的行為，終究也成為不可彌補的缺陷，把於己有恩的人殺了。可見莊子對「有為」害處的描繪之深刻。

老莊的「不言之教」以及「寓言之教」的方法，除了走「否定之道」的形式外，就是其面對的「整體內容」，而不是個別德目的教導；甚至，他們反對個別德目的強調，認為注重了個別德目之後，會迷失整體的人生方向；而人生方向的整體性，也就是最終的宇宙一體、物我相忘、道通為一的境界。

再來的理由是：在觀察個別事物時，不但容易墮入相對、相異、相反之中，甚至也可以墮入矛盾之中，把整體的宇宙分割了。莊子在〈齊物論〉中，把人間世所有的衝突、矛盾，都以「道通為一」來結束，都用「以道觀之」的立場來化解。

因為其教育目標是全人，而全人又是擺脫庸俗、與道合一的；因而其教育方法，也是圓融的、整體的，凡是有礙於這圓融和整體的特殊性、個別性、差異性的知識，因而也在排拒之列。也就因此，無論在《道德經》中，或是《莊子》書中，儒家道德進路的所有德目，都被用否定法，放入括弧，存而不論；甚至更積極地加以否定[5]。

[5] 這裡用「存而不論」來顯示「否定之道」，是筆者在比較現象學胡塞爾（Edmund Husserl）的方法與老子的方法的論文重點，參見 Kun-yu Woo, "Lao-tzu and Husserl—A Comparative Study between Lao-tzu's Negation and Husserl's Epoche"。論文宣讀於政大哲學系主辦「現象學與心理學國際學術研討會」，民國七十九年十二月二十九—三十一日。

老子說：

失道而後德，失德而後仁，失仁而後義，失義而後禮。夫禮者，忠信之薄，而亂之首。（《道德經》第三十八章）

莊子說：

道德不廢，安取仁義；性情不離，安用禮樂。（《莊子．馬蹄》）

故曰：失道而後德，失德而後仁，失仁而後義，失義而後禮；禮者道之華而亂之首也。（《莊子．知北遊》）

上面的引述，不但說明具體的德目如何源自抽象的德目；而且並指證出，德目的層級性，越具體的德目的出現，都表示上層德目的沒落，從次序中的「道」「德」「仁」「義」「禮」看來，禮的教化乃是因為義的沒落；同樣，義的教化則因為仁的沒落，同上類推是：仁概念的出現，則已是德的沒落了；而德的提出，也就暴露出道的沒落。眞是：「大道廢，有仁義；智慧出，有大僞；六親不和，有孝慈；國家昏亂，有忠臣」（《道德經》第十八章）。層級性的否定，正如否定詞的層次性一般，老莊的運用純熟。

三、教育內容

從前面層級性的否定方法下來，總結的方案還是回到「以道觀之」以及「道通為一」的宇宙存在問題的宇宙論課題。老莊的全人教育，不但是要人的心思瞭解宇宙和人生，如何去定位宇宙，以及如何在宇宙中定位人生的問題，而是要確確實實地使人「與道合一」。前者是知識問題，可以利用儒家的「有教無類」以及「因材施教」的方式，可以用「言教」來完成；但是，後者則必須用「身教」，用「不言之教」來貫徹。

與道合一的方案，在老子看來，就是天下萬物（連人在內）都是動態的，而這動態的宇宙，一方面是由道「生」下來，另方面則是萬物「回歸」道。人生在宇宙之中，最好的處世方式，也是終極的抉擇，就是順應自然，和萬物一起，回歸到道處，與道合一，同時完成宇宙體系，又完成人生目的。

老子的這種處理方式，似乎仍把「道」放在高處，而讓萬物屈居下風。到了莊子，提出了「道在屎溺」的理論，於是把形而上的道，降凡落實下來，成爲內存於天地萬物之中，莊子的道是無所不在的。

東郭子問於莊子曰：「所謂道，惡乎在？」莊子曰：「無所不在。」東郭子曰：「期而後可。」莊子曰：「在螻蟻。」曰：「何其下邪？」曰：「在稊稗！」曰：「何其愈下邪？」曰：「在瓦甓！」曰：「何其愈甚邪？」曰：「在屎溺。」東郭子不應。（《莊子‧知北遊》）

由於道的無所不在，「與道合一」的機緣因而隨處都有；也只要人能收斂心神，排除雜念，用「心齋」和「坐忘」的方法，也就達到此圓融的目的，而有「天地與我並生」以及「萬物與我為一」的「物我相忘」境界，這也正是眞人、至人、神人、眞人的個別性完美，以及「雞犬相聞」的群體性、社會性的完美。

叁、老莊教育哲學理念的當代意義

近百年來，教育理念曾經有過塡鴨式和啓發式二元的爭論，而且相當認定傳統的忠孝節義的教育，重內容的灌輸，而新的教育方式則著重學習的方法，重形式的啓發。在這種二元的劃分下，老莊的教育哲學理念，似乎擁有雙重的長處：一來重教育的方法，就是「否定之道」，而且透過「層級的否定」，來啓發學者的智慧，使其透過層層的剝落，終究能在「否定之否定」中，剩餘出宇宙人生原理原則的眞象。二來是相當執著宇宙圓融整體的理念，決不讓知識流入被分割、被宰制的零碎部分中，而要歸還「道通為一」的原始宇宙眞象。就這點而言，算是智慧型的灌輸，是給予一大整全的知識，同時亦是完整地定位宇宙、安排人生的大架構。

無論是「不言之教」，或是「寓言之教」，都排除對某特定知識對象的獲得，更反對某特定德目的修練，而是對整體智慧的把握；在今天，價值體系多元化的人間世，老莊的教育理念，就顯得更為需要了。

在知識爆炸時代中，各式各樣的知識，也正從有限邁向無限，各種專業分工也愈來愈細的今日，哲學的整合智慧和整合的能力，似乎比任何時代都呈迫切。莊子早在二千多年前就已指出：「吾生也有涯，而知也無涯；以有涯隨無涯，殆已」（《莊子‧養生主》）。追逐各別的學問知識，終究為不可能之事；但是，在所有知識當中，整全的知識，莫過於認識定位宇宙，安排人生，使自己安身立命，肯定自己生命的意義，這就非靠老莊的教育理念所開展出來的方法不可。因為，要獲得知識，需有許許多多的主觀客觀因素和條件，對人類是可遇不可求的。然而，老莊所指出的教育方案，都是自我教育的典範，都是一個人順著自然、無為的樸素狀態，回歸內心，在心中與道相遇，而終能體悟出「天地與我並生，萬物與我為一」的境界。

當代教育，汲汲於功名利祿的目標中，多少扭曲了人性，道家教育的自然、無為也正好可以提供教育主管人員另一種的理念，去思考如何把教育自功利手中拯救出來，歸還給質樸、天眞的純潔人性，使人生和諧，使宇宙圓融，使社會安和樂利。

在工商業社會發展神速的當兒，競爭成為人們生活的核心，如何透過道家的教育理念，締造人心的平安、人際關係的和諧，會成為當前人類共同的課題。

結論

上面分成三階段的方式，探討了老莊教育哲學理念，重點放在老子的「不言之教」以及莊子的「寓言之教」中，企圖用老莊哲學的「層級否定法」，突現出道家哲學的整全圓融的宇宙論以及人生哲學，作為道家教育的方法和內容的探討。原先所預定的目標是：把個人獨立性及個別性的完成，歸結為道家思想的成果；而把人生的另一個座標：人與人之間的人際關係的教育方案，規劃到儒家的思想重心中；但在三階段的連續探討中，發現老子的「小國寡民」也好，莊子的「至德之世」也好，其實亦富有濃厚的社會性原理；於是，文章論述一改初衷，連人生的橫的座標方面的人際關係社會思想，也一併在老莊教育理念中呈現出來，而讓道家的教育理念，獲得較整全的藍圖。

至於與「教育」相對，但亦相輔相成的「學習」理念，文中並沒有深入，只在行文中相宜之處隱約可見而已。這是作者深感抱歉的；希望能另文探討。

道家哲學與歐洲哲學之比較❶

緒論

我們很難依循亞里士多德—多瑪斯哲學的模式，將道家哲學區分爲知識論、形上學與倫理學這些部門，但道家思想內容之廣大精微，卻足堪涵納所有的哲學部門：深研眞確知識、宇宙原理與生命智慧。

按照西方人對哲學的傳統區分，知識論是入門，形上學是本體，而倫理學則是所有科學的實踐原理。對於道家哲學而言，也有相似的三向度區分，但道家哲學強調的重點毋寧是生命哲學，特別是追求自我完善（self-perfection）。然而，道家的生命哲學卻不是直接透過生命經驗來表

❶ 本文收錄於 *Contemporary Philosophy. A New Survey*. Vol. 7, pp. 207-222, 1933. Kluwer Academic Publishers. Printed in the Netherlands.

達，而是以哲學文獻來闡明其知識論方法與其方法論內涵。道家的方法論似乎帶有神祕和超存有學(supra-ontological)的色彩，因而，其基本關懷的個人完善問題所寓含的存在(existential)意味要比存有學意味來得重。

道家對道德問題的思想方式與儒家哲學有非常根本的歧異，雖然，後者同樣在戰國時代蔚然成風。儒家的倫理學直接由其形上基礎衍生。道德要求的規範原理直接由人類良心之先天意識導引而出。這是條向上之道，在知識論上肯定了行善避惡的道德要求。然而，道家哲學卻不直接指向人性之天良(innate conscience)，而試圖讓自我懸解於世俗之心，透過審美的生命經驗超越至自我完善的主體境界中。儒家強調的是道德主體，其所深究者幾爲人性論課題。道家卻標高了審美人格，致力於由人性論向存有境界過渡的超越研究（transcendental research）。因此，道家的「眞人」具有存有論的意義，眞人必須與道通爲一，而道卽是萬有的存有論和宇宙論原理。至此，我們可以了解，道家哲學的主要關懷卽是經由道德實踐而探討存有論的問題。

曾有人認爲，中國哲學中最堪與西方哲學相比較者，厥爲儒家倫理學。著名的中國哲學史家馮友蘭，卽比較了孔子與蘇格拉底。他強調，以道德哲學的觀點來看，這兩位偉大的哲學家足資比較❷。不過，蘇格拉底所說的「知卽是德」乃知識取向的，而孔子所說「有德者必有知」卻顯

---

❷ 馮友蘭，《中國哲學史》，香港太平洋圖書公司，民國四十八年七月，第七七—七八頁。

示了德性的趣向。主詞與謂詞對調過來，揭示了儒家哲學對德性的普遍關懷。就此而言，道家哲學與儒家思想並無二致，莊子說：「有眞人然後有眞知」（《莊子・大宗師》），即爲此一普遍關懷的明證。

比較哲學包含了許多必須要討論的論題，以道家哲學和歐洲哲學相比較，方法論是我們必須先面對的論題。基本上，方法論正是西方哲學的主要關懷所在。自笛卡兒以降，沒有哲學家不重視方法論的研究。然而，窮注於道家哲學的中國傳統學者卻強調，道家學說要求的是人性的超昇。但只有在我們審視了道家哲學的歷史發展之後，才能證實這種要求是否有效。事實上，道家卻墮入了迷信和肉身得道昇天的神仙信仰之途。筆者曾發表過兩篇這方面的論文，一篇以現代的方法分析《道德經》之中所使用的否定詞❸，另一篇則比較了胡塞爾與道家哲學❹，這兩篇論文提示了東西方知識論比較以及理解道家哲學的可能。

當然，在筆者的博士論文《莊子與古希臘哲學中的道》❺中，已指出了中國哲學與西方哲學

❸ 參閱本書第一篇，〈否定詞在道德經中所扮演的角色〉。

❹ Kun-yu Woo, A Comparative Study of Lao-tzu and Husserl: A Methodological Approach. In *Analecta Husserliana*, ed. by A. T. Tymieniecka (Dordrecht: D. Reidel Publishing Company, 1984), vol. XVII, pp. 65-73.

❺ Peter Woo K. Y., Begriffsgeschichtlicher Vergleich zwischen Tao, Hodos und Logos bei Chuang-tzu, Parmenides und Heraklit, Universitas, Series IV (Taipei, April 1969).

方法論上的同異。在此篇論道家哲學的論文中，筆者將以更深入的觀點重申這樣的論題，盼能引發更細緻的討論。

本文將集中討論道家哲學體系，試圖在知識論、形上學、倫理學領域導出與歐洲哲學的可能比較。

壹

在進入方法論的比較之前，讓我們檢視其研究方法建立的時代背景，以便建立其哲學體系。道家崛起於春秋戰國時代（722-222 B.C.），其時禮壞樂崩，社會政治秩序趨於崩潰。道家鼻祖老子（571-476 B.C.），其追隨者莊子（369-286 B.C.）和列子（500 B.C.）爲周室（1122-249 B.C.）政治權威的逐漸衰微所警醒。他們意識到自已肩負著救亡圖存、挽狂瀾於既倒的任務。在老子《道德經》和莊子、列子著作之哲學內容中，雖表面上一致強調社會政治秩序，其實，他們卻擁有更深刻的存在體悟，對個人的地位賦予更高的重要性。就此而言，道家與西方存在主義者有相似之處，不論處於什麼環境時代，他們總不或忘其存在處境，企圖由存在層級自我超越至存有層級（ontological level）。道家與存在主義者站在個人存在體驗的觀點下，都能夠提出存有問題。海德格是一個典型的例子，他要透過「此有」（Da-sein）的分析來尋繹「存有」

(Sein)。我們將在稍後討論這一點。

老子所生處的春秋時代，乃衰疲之世，如孟子所言：

> 世衰道微，邪說暴行有作；臣弒其君者有之，子弒其父者有之。（《孟子‧滕文公》）

社會脫序，百姓受虐於殺伐爭奪，進而引發了諸子百家的淑世之志。東方哲學家和西方哲學家一樣，均深心關懷人民疾苦，設法重建社會秩序，柏拉圖如此，孔子亦然。

孟子追隨孔子，在描述了社會亂象之後，更進一步發揚孔子的救世精神。他說：「孔子懼，作春秋」（《孟子‧滕文公》）。但是，孔子所致力復興的傳統德性，特別是透過「正名」所欲恢復的「禮」，卻間接鼓舞了虛矯和偽飾之風。就此而言，老子的立場恰成一對比。老子說：

> 不尚賢，使民不爭。不貴難得之貨，使民不為盜。不見可欲，使民心不亂。（《道德經》第三章）

就邏輯秩序而論，道家思想的根源當出於儒家之後。因此，以老子為始，歷莊子以至列子，創發了「否定之道」(Via negativa)，以平衡儒家學說的「肯定之道」(Via positiva)。

在老子《道德經》當中，我們可以清楚辨認出許多否定詞。尤其值得一提的是，在不過五千字出頭的《道德經》中，含有超過五百個否定詞。筆者的論文〈否定詞在道德經中所扮演的角色〉❻，曾對此詳加解釋。

---

❻ 見❸。

老子由「無爲」對峙儒家的「有爲」爲始，奠基於存有學的「無」，視之爲道體。老子在知識論上的「無知」、倫理學上的「無欲」、社會政治方面的「無爲」和制度上的「小國寡民」乃層層漸進的否定，安立其中的存有學用語「無」即是此一哲學思路的終極標的。筆者的論文〈老子與胡塞爾的比較研究：方法論的進路〉即運用此一論點來比較老子與胡塞爾，特別是他們的方法論。筆者強調老子用語「無」的進程應類比於與胡塞爾的「放入括弧」(Epoche)。筆者認爲：

老子以形上的「無」來支持物理的「有」，並以倫理上的「無為」來支持道德上的「有為」。如果存有學的根基是「無」，它高於所有現象之「有」，那麼在道德實踐方面，「無為」的存有學位階即高於「有為」……胡塞爾的「放入括弧」的否定形式似乎與《道德經》的否定詞十分相近。胡塞爾以「括弧」來懸擱由笛卡兒至康德之現代哲學知識論學說，無獨有偶，老子也懸擱了春秋時代所有欲拯救社會秩序於既倒的方案。在此，方法論上的「括弧」，在探索真象時似乎具有等同的意義。❼

我們很難清楚明晰地掌握老子的否定思考方式，因爲《道德經》的內容非常精簡緊密。但至少有一點昭然若揭，老子將「無」與道體加以等同。他說：

❼見❹，p. 67。

天下萬物生於有，有生於無。（《道德經》第四十章）

此一宇宙發生論的表達，明顯具有超存有學（supra-ontological）或後設存有學（meta-ontological）的功能。「天下萬物」意謂整個感覺世界。感覺世界來自於「有」，這「有」好比西方術語中的存有（Being）。這是一個存有學的表述。但是，老子並不認爲「有」是終極原理。「有」生於「無」，無在字面上意謂虛無（Nothingness）。當然，「無」這個詞並不確指虛無，否則它就必須被完全排除於存在界之外。依據亞里士多德—多瑪斯哲學來看，此「無」乃可以被實現的潛能，它的存在與存在界並沒有任何內在矛盾，它有潛能產生「有」。

另一方面，老子哲學的這種後設存有學理解，並未創設任何知識論上的運作，而僅僅引導人去認識道。在這裡，老子的後學莊子，做了較爲清楚的解釋。

莊子所生處的戰國時代，比老子所生處的春秋時代要更爲混亂失序。因此，莊子對時代環境的批判來得比老子更強。另一方面，就哲學發展和演進的角度來看，莊子試圖由亂世浮生中解放出來，而以人性的存在體驗爲始足點，冀望透過體悟而一步步提昇人性，直到與大道合一。

莊子所運用的人性論方法（anthropological method）和老子的放入括弧非常不同，它強調超脫於外在感覺世界。莊子的方法主要仰賴內在的自我否定和自我超越，他的反省工夫可以區分爲二：「心齋」與「坐忘」。其精神超越揭示於〈逍遙遊〉一篇，其中大鵬鳥被描述飛翔於九萬里至高之空中。

「坐忘」的模式應運而生，

> 顏回曰：「回益矣。」仲尼曰：「何謂也？」曰：「回忘禮樂矣。」曰：「可矣，猶未也。」它日，復見。曰：「回益矣。」曰：「何謂也？」曰：「回坐忘矣。」仲尼蹴然曰：「何謂坐忘？」顏回曰：「墮肢體，黜聰明，離形去知，同於大通，此謂坐忘。」仲尼曰：「同則無好也，化則無常也。而果其賢乎！丘也請從而後也。」（《莊子・大宗師》）

莊子以忘卻周遭事物為始，透過忘卻世間事物，以便最後連思考本身也加以忘卻。透過忘卻的行動，莊子達致眞實知識和眞實自我之境。

莊子的方法恰恰可與胡塞爾的方法相比較。他們的相似點在於將「周遭世事」（Um-welt-ding）和「世間事物」（Welt-ding）放入括弧為起點，以求獲得眞知。他們差異則在於對思維主體把持不同態度：胡塞爾受笛卡兒的影響，強調主體的無可置疑；而莊子則主張，眞實知識必須含有主體方面的潛意識。莊子認為，眞實的認知主體不是人類的心靈，而是綿綿不絕的道。認知主體必須忘卻一切事物，以便讓道在他之中思考。

道之本體無法為人類心靈所認識，如同老子所說：

> 道可道，非常道。（《道德經》第一章）

所以莊子要使他的心靈無掛慮，以便讓道充分展現。

此一認識道的苦行式表述，與其積極踐行此格言式之超越恰成平衡對舉之局。莊子在〈逍遙遊〉中以大鵬鳥爲超越精神之象徵，遙指向精神的顚峯，與常道冥合爲一。莊子這種精神超越的方式，與巴曼尼德斯的「向上之道」(hodos ano) 相同，巴氏透過向上之道以面對眞理之奧祕。在此，巴曼尼德斯的「眞理面觀」(visio veritatis) 與莊子的與道「神祕合一」(unio mystica) 具有相同的知識論意義。

巴曼尼德斯的格言「存有卽存有，非存有卽非存有」❽將眞理的判準等同於同一律，同時亦以非矛盾律決定了錯誤的性質。莊子的哲學並沒有停留在此知識論的層次，而試圖像大鵬鳥高飛般提昇自己至與道結爲一體之境。這種對冥合一體的理解，和古撒奴斯 (Nikolaus Cusanus) 的哲學一般神祕，古撒奴斯強調的是「在永恆形相下」(sub specie aeternitatis) 的靈視下「對立之統一」(coincidentia oppositorum)。我認爲，莊子強調和諧的哲學應可與古氏的哲學相比較。

莊子的超越方法使其免於做知識論上的眞假/對錯區分。他的思考過程沒有多少是屬於知識論的研究，而較傾向於人性論 (anthropology)，甚而是神祕或存有學的思考。當然，在莊子哲學中，想要認識超越自身與世俗事物之道的人，與胡塞爾哲學中一樣，仍屬於一個知識人。但

---

❽ Diels-Kranz; *Die Fragmente der Vorsokratiker*, Bd. I (Dublin and Zürich: Weidmann, 1966; 12. Aufl.) 28 B. 6. Bd. I.

他的超越方法卻更具內在和倫理性，比純知識論的冥思更實際。換言之，莊子採用的不僅僅是知識論的方法，也是人性論的方法。

莊子試圖用存在的體驗來超越自己。同時，他也超越了老子的生命哲學，而直接走入道與自身的關係，冀望達致與道冥合的境地。這正是由人性論走向存有論界域的過程。

只有在此意義下，我們才能說莊子哲學的目的是變爲眞人、神人、至人與聖人。

在莊子的作品中，知識論、人性論、存有學、和其他人類知識的分枝如倫理學或精神性，並未截然分離。如果我們用笛卡兒的設準：清晰與明瞭當做知識論的格準，莊子哲學當然就難以歸類了。但如果我們讓哲學的智慧自由展現，如果我們同意人類的臻於完善也可以是哲學的主要目標之一，則莊子的正面貢獻，特別是他的存在感受，就是最讓我們注目的焦點：

天地與我並生，萬物與我為一。(《莊子・齊物論》)

這乃是宇宙論與存有論的感受。擁有這種感受的人，卽是掌握了眞知的眞人與至人。對莊子而言，知識卽是與道冥合之眞人的成果。

在研究道家知識論發展時，還有一件必須注意的事，卽道家的修辭論述風格。老子用獨白，而莊子卻常用對話。老子的《道德經》中，不僅在形式上，卽使在內容上也表現出其獨白的特性。《道德經》近五千言，沒有任何一個「你」或「他」的人稱代名詞出現，做爲對話的對象。老子用了二十七次的第一人稱「我」，或以「聖人」來表現他對主體的強調。他強調他的主體知識是體認常道的唯一知識。很明顯，此一超越的主體，才然獨立於其他的人或事物，與胡塞爾的「純我」（reines Ich）具有相同的意義，它超然於所有經驗事物。

莊子所常用的修辭風格是對話，在對話中發現眞實的知識，譬如，在區分「眞知」與「假知」的「小大之辨」時，就是如此。最後，他的結論是人性論上苦行的「眞人」才是「眞知」的終極標準。當然，此所謂「眞知」不是個人直覺所得的智慧，而是可與集體分享的智慧創造，乃由深度的思考與討論所得。莊子在知識論上較老子更進了一步。

道家知識論方法的發展，由老子的獨白，歷莊子的寓言式對話，到《抱朴子》（葛洪，253-333，似乎是道家的第四代）的辯證討論，特別在〈詰鮑〉篇，表現了道家方法的整體運作。〈詰鮑〉的內容在於君主制與無政府間的論戰，它反映了儒家與道家社會政治哲學的整體研究❾。《抱朴子》的辯證方法有點像柏拉圖的對話。此一道家著作的作者最後讓君主論勝於無政府。然而，在中國傳統儒家的大走向下，其討論過程包含了非常深刻的邏輯建構，堪與西方哲學相比較。

---

❾ 參閱本書第二篇，〈道家在魏晉時代的反省〉。

貳

就知識論而言，如同上述，莊子的對話方法在某些方面較老子的方法爲深刻。但是老子所強調對「自我」的自保，則超過了莊子以自忘來建構超越自我。超越自我的建構與保存，乃是道家哲學由人性論過渡到存有學的保證。老子的「自我」之存在，不涉及與任何「你」或「他」的關係，表現了其自身人格的自律。老子以自我意識取代了不可知的道。上文已提及，老子哲學中，自我與道的關係並不明確，但他卻十分強調自我的睿智、意識與認識能力。此一堅持於是挺進爲超越之奮進，透過此一奮進，認識主體執持其意識而由知識論界域提昇入存有論界域。老子說：「道可道非常道」，這句話明白強調了道的不可知特性。但結論並非道不存在，它反而顯示了道的常在。由於常道本身的不可知，老子便如此引介他的道：

> 吾言甚易知，甚易行。(《道德經》第七十章)

但天下人卻未能發現道之易知與易行，因此，

> 大道甚夷，而民好徑。(《道德經》第五十三章)
>
> 天下莫能知，莫能行。(《道德經》第七十章)

換言之，客觀的道不可認識亦不可感知。然而，老子之主體性的道，卻可知亦可行。在主體

的境界中，應存在有知識論與存有論的扣合。

老子主體之自律與眞誠無僞允許我們棄置所有的關係。因此，老子的倫理社會哲學中，社會制度就蛻化爲「小國寡民」，而人際關係亦泯化爲「民至老死不相往來」。

對所有關係的擱置與懸空只有一個目的：展現主體的權能。由十六世紀開始，這樣一種哲學傾向也成爲歐洲哲學的主題。笛卡兒的「我思」被視爲一個起點，做爲所有眞正科學的源始肇基之處。此一理性主義的思考模式於是乎蓬勃發展而下。胡塞爾認爲，只有現象學家才能扭轉臣服於主體下的思考模式，他一本正經地宣佈「純粹自我」是所有知識的起點，而同時也是其存有學根基。

當然，在認知程序方面，老子與胡塞爾有些許差異：前者以直觀體悟常道，後者以直觀逼顯事物本質。莊子追隨老子，而將認識主體與道相結合，透過此種冥合，莊子爲人性論找到了存有學的根據，充實並推進了老子哲學。然而，胡塞爾的追隨者，既無法結合主體與事物本質，亦無法安排一「萬有一體」(All-einheit) 論來落實現象學的終極目的。而且，胡塞爾哲學顯示了由主體到主體際的路徑，最後，在梅洛龐蒂的學說中，形軀之相互關係成爲解釋所有「共在」(Mit-sein) 特性的主體際關係根基⑩。

---

⑩ 蔣年豐，Whitehead and Merleau-Ponty: Two Critiques of Cartesianism. *Tunghai Journal* 28 (Taichung, June 1987): pp. 187-200.

不過，老子與其追隨者自始至終均未接受形軀世界。老子的話揭示了這種態度。他說：

貴大患若身……吾所以有大患者為吾有身。及吾無身，吾有何患？（《道德經》第十三章）

這種態度一直持續到道家傳統的第三代。其代表人物列子試圖打破所有形軀的束縛，飛昇入不死仙境而羽化成仙。

雖然道家者流之立身不能脫離形軀之限制，但理想的道卻是純精神而非形軀的。此理想之道的確處於此世，卻不受繫於此世。根據莊子思想，雖然「道在萬物」指出了道的「無限性」(Immensitas) 較其「隨處性」(Ubiquitas) 爲突出，但運行於物質世界的道卻不是物質。道反而是救世主，將物質世界由物質中救贖重生，讓物質世界參與了道的精神性。道家對物質世界與道的冥合觀念不是屬於實體方面，換言之，世界與道爲一不是同體式的冥合，而只是「道在世間」。然而，在西方哲學中，道化爲肉身。這種道成肉身的觀念，爲基督宗教信仰和許多當代哲學家所接受和發展，如懷德海、馬賽爾、梅洛龐蒂等。

中國哲學的眞實本性中，並沒身心二元的困擾。中國哲學的原型《易經》當中，陰陽並未兩相對立，而是相互補實。道家哲學雖然亦有本自《易經》，因而傾向氣論中心，卻在以形軀參與精神存在的過程中漸漸泯除了心智活動。魏晉時期 (233-420) 的神仙道教迷信和隋唐時期 (589-907) 佛教的出家行徑，之所以能蓬勃發展爲中國民俗宗教，於此關係良深。

如果將道之實體的形上學問題轉爲知識論問題，老子的答案便只是簡單地否定。道不是知識的對象，吾人的認識潛能絕對到不了道的境界。經由對客觀之道的否定，主體便從中昇起，透過否定的行動，主體在自身內透過自身而創造出與常道的關係，此關係超然於主客的對立。只有在個人主體意識當中，我們才能想像天地萬物的終極原理。雖然道體本身不可知，我們卻可以某種方法加以描述。其貌混沌，從未現其眞貌於吾人之認識當中。然而卻可以做下面的描述。

> 道之為物，唯恍唯忽。忽兮恍兮，其中有象。恍兮忽兮，其中有物。窈兮冥兮，其中有精。其精甚真，其中有信。（《道德經》第二十一章）

習於西方思考模式的哲學家，最難以理解的是：在知識論上不可能理解的道，居然在存有論或超存有論（老子將道與無等同）中神祕地變得可以理解了。《道德經》中對道的解釋基礎來自於知識論上的「無知」、「無求」，來自體驗上的「無」。但老子最後終於發現了一條由知識通向道的路徑，換言之，老子創造了一條由「無知」、「無求」以至於「無」的路。他說：

> 天下萬物生於有，有生於無。（《道德經》第四十章）

因此，「無」是萬物的原型，它與道等同。老子說：

> 道生一，一生二，二生三，三生萬物。（《道德經》第四十二章）

道是萬物的源生者。無也是萬物的源生者。老子等同了道與無。老子的宇宙生成論將「生」這個詞同等地配合道與無的運用。這個事實顯示，在知識論上不可認知的到了存有學中卻可以認知。換言之，無這個詞意指眞實的存有（Being）。對老子而言，有與無恰成一弔詭。這種弔詭便成爲道家詭辯的高峯，不可能由西方的邏輯所證實。

叄

接下來是我們的關鍵論點。在道家哲學的實踐哲學傾向當中，「無」這個詞具有深層的意義。「無」這個詞與社會政治生活層面的「無爲」是相連結的。「無爲」字面上意爲無所作爲。但基本上，它意謂的是「透過無所作爲來做成所有的事」。「無」在字面上意爲「虛無」，但基本上它意謂的是「自如」（being itself）。老子說：

損之又損，以至於無為，無為而無不為。（《道德經》第四十八章）

因此，「無爲」不是無所作爲。在社會事務中，它是非人文或非造作人爲的活動，只是讓道自然地運行。因而，無爲的本質在於無欲，不受制於任何特定的意向目的，不受限於世俗的榮辱利害。無爲的眞正本質便是非意向和非意識性。由此觀之，無爲的特點同時是「無所作爲」和「透過無所作爲而作用於所有的事物」。

無的積極性展現了其實踐取向，至此，其倫理取向便得透顯出來。老子的無與沙特「虛無」（le Néant）在倫理學意涵上有本質上的差異，前者有較豐富的存有學意涵，而後者的心理學意涵較重。沙特說：

將虛無接生於此世的存有，其自身亦必屬虛無。「The being by which nothingness comes into the world must be its own nothingness.」⓫

人是將虛無接生於此世的存有。⓬

當然，沙特一度希望透過心理方面的虛無感來建構存有學的無，以別於傳統的「存有」(Being) 一詞。

當道家的「無爲」理論實現在社會政治領域時，恰好與儒家的有爲相對反。這種對立的局面維持了許多世紀。由於董仲舒（179-140 B.C.）對儒家的特別尊崇，自漢朝（206 B.C.—220 A.D.）以後，中國的社會政治制度就毫無滯礙地走向了儒家的「有爲」之道。但就個人修養方面，自崇隆天子以至尋常百姓卻又無不以道家的「無爲」爲準則。此處的「無爲」意謂避惡行而與自然和諧共處。要避惡行而與自然和諧共處，卻又必須像儒家踐行有爲那樣嚴格修養自己。這兩種學說的基本差別主要在於：儒家投注其關懷於人際關係，而道家卻挹注其精神於人格修養。

⓫ Jean-Paul Sartre, *L'Etre et le Neant, Essai d'ontologie phenomenologique* (Paris, 1943). Translated by H. Barnes as Being and Nothingness (New York, 1956; London, 1957), p. 59; Engl. p. 23.

⓬ Ibid. p. 60, Engl. p. 24.

因此，無的實際運用指向了世俗事物的否定，卻絕不是指精神上的空虛。在道家哲學由老子向莊子發展的過程中，這個事實至爲明顯。其起始點爲老子學說中對道的知識論式直觀，到了莊子的〈逍遙遊〉中，大鵬鳥在脫卻了對所有物的依恃後，超越到「寥天一」之上，直達「與造物者同遊」之境。如同方東美先生指出，

> 茲克就上述之「無限哲學」及莊子本人於其篇章所露之線索旨趣而觀之……至人者，「與造物者為人」；「功蓋天下，而似自己；化育萬物，而民弗恃」；「無為名尸，無為謀府，無為事任，而為起主。體盡無窮，而遊無朕。盡其所受於天，而無見得，亦虛而已。至人之用心若鏡：不將不迎，應而不藏，故能勝物而不傷。」⑬

很明顯，這段話爲對莊子的超越思考之道描述得相當深刻。莊子對造物主的渴求與奧古斯丁對上帝的渴慕是相似的。奧古斯丁如此解釋他的渴慕：「吾人的心無所適從，直到它休憩於你當中。」⑭當然，莊子與奧古斯丁之間亦有差別。後者以其耐心追尋上帝，前者則要求透過讚美自然與享受美感來造物主。由超越之道，與莊子的渴慕寄情之道，都可透過類比而說有相同的精神

---

⑬ Thome H. Fang, *Chinese Philosophy: Its Spirit and Its Development* (Taipei: Linking Publishing Co. Ltd., 1981), pp. 131-132. 中譯見方東美著，孫智燊譯，《中國哲學之精神及其發展》，臺北：成均出版社，民國七十三年，第一八六頁。

⑭ St. Augustinus, *Confessiones*. I.I.

內涵。

因此，透過莊子的慕求之道而獲得的眞人境界，便脫逸於所有世俗羈絆之外。只有透過心齋坐忘的工夫，將自我的存在停頓下來放入括弧，慕求之道才有運作的可能。如果胡塞爾存而不論的方法是由意向性來加以充實，則莊子的心齋要透過出神（ecstasis）才能獲致，出神和非意向性及潛意識可以說是等同的。胡塞爾的道路，由意識開始，透過意向性而終於主體的覺醒。莊子的道路則始於心齋，經由潛意識，終至眞人境界的達成。莊子的眞人創造了一個眞誠的自我。兩者的自我都是其存有學與倫理學的基礎。

莊子的存有學基於他的人性論，其人性論在〈逍遙遊〉與〈大宗師〉兩篇中獲得釐清。前者提出了三種人：至人、神人、聖人，後者則以眞人爲人性的終極高峯。〈逍遙遊〉提點出大鵬鳥，以爲神祕的象徵，透過轉化來超越自身，以自由超脫爲目標而向上引發出生命的活動，衝破所有的格局限制，終至絕對自由、與道體完全合而爲一。

至人無己，神人無功，聖人無名。（《莊子‧逍遙遊》）

〈大宗師〉以眞人來解釋道體彰顯的過程，揭示出道如何深涉於人類事務中。當老子強調了道在自然運行中的顯著地位時，莊子則讓道運行於眞人身上，只要觀察眞人之行徑，道與之存焉。莊子的看法與海德格相似，海德格試圖透過此有（Da-sein）來揭露存有的面貌⑮。海德格

⑮ Martin Heidegger, *Sein und Zeit*, p. 63.

的方法將人類的存有由人性論層次提昇到存有學層次。

因此，莊子的眞人是自然與道的綜合。此一綜合具有超越的特性。莊子說：

古之真人……入水不濡，入火不熱。是知能登假於道也若此。（《莊子・大宗師》）

在此，眞人似乎意識到其知識的提昇。然而，莊子建立了一個「吾」的概念，並將之轉化爲「眞人」。在道家哲學中，「自我」概念首先由老子之孑然獨立我（solus ipse）建立，它沒有與任何的「你」或「他」產生人的關係，這一點我們在前文已說明。此一「孑然獨立我」實現在具體社會中，便成爲分立相離的運作模式。這和海德格對其「此有」的理解十分不同，此有似乎是「共在」（Mit-sein）或者是完全深涉於人際關係中的「中性人」（das man）⑯。

但是，根據道家之眞我的高度與深度，特別就莊子的眞人而言，和尼采的超人（Ubermen-sch）恰可做一比較。

眞人是超越自我（transcendental ego）。莊子說：

古之真人，不知說生，不知惡死；其出不訢，其入不距；翛然而往，翛然而來而已矣。（《莊子・大宗師》）

這種「外生死無終始」的精神使得莊子與海德格的思想大異其趣，海德格吸收了基督宗教的

⑯ Ibid. p. 149 ff.

傳統，強調死亡只會發生一次，此一唯一的機會會使人走入心理的焦慮與恐懼當中[17]。

道家哲學則沒有海德格哲學中這種心理上的焦慮恐懼。道家的思考模式和黑格爾的辯論當然相同。但道家運用意識和自我存在的體驗來發展眞實的自我，對此眞實自我，綿綿不絕的常道將彰顯於此感性世界中。因此，當道家描述眞實自我時，其描述卽相類於胡塞爾於其現象學描述中對其純粹自我的理解。

在《道德經》中出現二十七次的「自我」概念，無疑具有主體和自律的意義。但老子的自我結構受限於形軀的束縛中，同時，它要面臨直觀道體的考驗。因而老子試圖先將「周遭世物」放入括弧，然後將人際關係放入括弧，最後將自身的身體存在也放入括弧。

莊子的自我概念內容則較爲寬闊，在分類上亦較爲容易。方東美教授曾做一區分，他說：

「自我」或指自發精神之本性，是卽理性之大用；或指永恆臨在之「常心」，冥同無限大道之本體。前者莊子謂之「靈臺」或「靈府」……後者莊子或謂之「眞宰」或「眞君」，是乃絕對之心體，至高無上，支配知識世界中萬物一切者也，或謂之「常心」，是乃永恆之精神本體，唯普遍臨在一切心靈之上聖心靈(the mind among all minds)始能得識其究竟。[18]

---

[17] Ibid. p. 260 ff.

[18] 見[13]，p. 140，第一九五—一九六頁。

事實上，依據莊子哲學，可對自我做五種區分：形軀我、心理我、心機我、精神我、眞我。前三者屬假我，而後兩者才是眞實的我。

因而，莊子所有的努力都在於排除假我，建立眞我。列子的努力則在進一步排除所有俗世與感性事物的限制。他最後試圖遁入仙境，純精神的境界。

經由上面的討論，我們明白見到道家哲學事實上傾向於實踐哲學，這一點與儒家哲學無分軒輊。但道家強調的重點只在於眞人的個人滿全，而不涉及任何積極的社會政治關懷。更進一步說，道家試圖排除所有人際的關涉，結果就否定了當時的君主制度，而渴望無政府的歲月。

對於中國後來進一步發展爲對佛學的接受，道家哲學的中介之功尤不可少。

肆

總而言之，道家選擇了常道做爲其哲學對象。然而，在知識論方面，他們卻否認有可能認識此客觀的道。在方法論的研究上，原始道家的老子和莊子都採取「否定之道」(via negativa)來解釋常道的實質，他們主張道是不可知、不可測與不可理解的。最後，他們強調道應被稱爲「無」。由知識論上否定之道的成果，道家建立了它的存有學。道卽是「無」，這句話的存有學意味比知識論意味要重多了。

雖然道即是「無」，其作用即「無爲」，但其運行卻也毫無阻礙。既然「天下萬物生於有，有生於無」（《道德經》第四十二章），所以道毫無例外地源生了萬物。因此，以形上學的意義而言，道即是「無」。但它是動態的，挾著無盡的潛力以創造萬物。道的這種動態運作促使人類走上滿全的頂點——與道合一。眞人於其世俗生活中，追循道的模範而踐行無爲。

道家的中心概念是「道」。「無」是道的實質，是道家在知識論上否定之道的一種努力，同時也是存有學上存有之名。道的運作——「無爲」，乃是人類在感性世界生命的模範和規範原理。

「眞人」與道合一，是道家哲學趨向生活實踐的最終旨趣。

出現在自然和眞人身上的道，事實上無法直接被人類自身和以人類自身來認識。然而，它可以透過否定之道而被描述，也可以透過人類的工夫修養運作而被彰顯，譬如心齋或坐忘等。

至於道家型態的哲學與歐洲哲學可以做到多深多廣的相互比較，則須留待我們進一步地追問和討論。

（中譯：龔卓軍）

衛理賢德譯《道德經》中的宗教觀

緒論

本論文涉及下列二大課題：

㈠《道德經》中宗教思想問題；

㈡衛理賢（Richard Wilhelm）德譯《道德經》中宗教思想問題。

這二大課題互相間之關連性在於：如果《道德經》是一本宗教經典（中國哲學家多不贊成此說，但是道教自從奉黃老爲教主後，《道德經》就被認爲是宗教經典），而衛氏德譯卻不用宗教名詞譯出，則其譯文就不忠實；相反地，如果《道德經》不是宗教著作，而衛氏卻用許多宗教名詞來翻譯它，則其譯文亦不眞實，就自此有關衛氏譯文問題，其是否信實問題，端賴吾人對《道德經》本身的瞭解和看法。

但是，無可否認的，《道德經》因爲只有五千多字，而語多隱誨，對其注解早已汗牛充棟，而意見亦非常紛紜。要從這些相異意見中，找出共同的觀點，認爲《道德經》是否爲一宗教著作，就不是一件易事。

再者，就是《道德經》的作者問題，雖然學者大概多數於皆認其爲老子所作，但是，老子其人其事，就是在太史公筆下，亦有意無意神祕化；致使老子被奉爲道教始祖時，在漢代竟也沒有學者出來抗議。就如衞理賢的引論中所指出的：老子非道教始祖，但是即被奉爲道教始祖，甚至被供奉爲神❶。這種說法當然可以說明，老子並沒有直接創立道教，但是，卻無法否認因爲其爲了《道德經》，而創者的思想一步步地引領道家的思想走向宗教。

這樣，《道德經》的「宗教」因素，至少是「隱而不顯」的因素就無可避免。

不過，在討論衞理賢德譯《道德經》時，所用的宗教術語，如果《道德經》在該處所用，是隱而不顯的，那末，衞氏就不可以用非常明顯的宗教名詞來翻譯；相反，如果《道德經》某些地方富有濃厚的宗教情操，衞氏就有責任把它原原本本地用宗教情操的名詞翻譯出來。

更進一層的問題是：在中國哲學的發展中，道德和宗教原就與哲學合爲一體，甚至和政治社會合爲一體了。先秦諸子的哲學既是道德，又是政治，兩漢哲學既有宇宙論又有人生哲學；到了

❶ Richard Wilhelm, *Lao-tse Tao-te-King, Das Buch des Alten vom Sinn und Leben*, Eugen Diekerichs verlag, 1957. p. 22.

隋唐就更把佛教的教義看成哲學探討了。西洋哲學、神學是分開的，甚至哲學和宗教亦有界限。作爲神學家兼傳教士的衞理賢，在閱讀《道德經》時，其主觀意識有多少摻入，亦是要在論文本體外，附帶提及的。

雖然中國的道教與西方基督宗教差異甚大，但就其爲宗教而言自有其本質的相同處；同樣，《道德經》之於道教，亦不同於《聖經》之於基督宗教，但是，其爲宗教經典在本質上亦不應有完全的區別。

我們這就分成兩個面向進入本論文的主體，首先研究《道德經》中的宗教因素，再來就比對著衞理賢德譯《道德經》文中相對應的宗教觀。

壹、《道德經》中的宗教觀

㈠站在西洋基督宗教的觀點來看，宗教經典的首要條件是「神的啓示」，或是探討神的啓示的書籍。這樣，《道德經》的內容就似乎不是這種作品（它不是道在說話）。可是，西洋宗教的神學作品，則是有關「神」的學問。這樣，《道德經》原就是討論「道」的學問；於是，中國的《道德經》，與西方神學著作，似乎有雷同之處。當然，先決條件就是，道德經中的「道」是否等同於西方神學中的「神」；或至少是二者相當類似。而後者也許就是中國宗教與西洋宗教相同相異問題，在宗教學研究中，必須先解決的問題。這問題無法在這裡討論；事實上不必要，亦不可能在這篇短文中討論。

㈡在哲學的意義上看，《道德經》中所展現的「獨立性」，原是思想的一大模式。五千言的《道德經》中，沒有任何一個人格的「你」或「他」字；這當然意味著老子要斬斷人際關係，而完成其「民至老死，不相往來」（《道德經》第八十章）的觀點。

「獨」的觀點，原是道德哲學與宗教哲學共同的財產，儒家也有「愼獨」的觀念，藉以提升自己的人格，使其光明磊落，頂天立地。儒家的「愼獨」是修身的條件，即修身是個別性的完美。這個別性以及獨立性的完善，原是中國儒、釋、道三家共有的智慧。可是，道家在這裡，比較接近佛家，而與儒家不同。因爲儒家不但要人「獨善其身」成爲「君子」，而且還進一步指導人如何「兼善天下」成爲「聖人」。

在這裡，儒家的「人際關係」的看重，是與道家完全不同的。而道家的開創，則是老子的《道德經》開始。《道德經》五千言中，上面提過的，沒有一個位格的「你」或「他」的人稱代名詞；可是，卻有著二十七詞次的「吾」「予」「我」「聖人」等第一人稱的代名詞。這就十足突現了《道德經》的「獨」性格。

當然，老子的「獨」，是斬斷了橫的人際關係，卻仍保留著濃厚的「道我關係」，莊子在注解這「道我關係」時，用了「獨與天地精神往來」（《莊子·齊物論》），以及「與造物者遊」

等語句。如果「道」與「造物者」等同，則其哲學性格就很容易走向宗教性格。

《道德經》中，既把人際關係存而不論，甚至用「不相往來」的語句來斬斷，則「道」就成了唯一的且最終的終極關懷。也就因此無論「道」的超越性（老子），或是後來發展成的內存性（莊子），都含有濃郁的形上思想，以及形上架構。這思想和架構都有利於宗教思想，乃至於有神論（無論是否泛神論，或是萬物無神論）的思想。在西洋宗教哲學發展中，「神」的超越性與內存性都曾經是探討的主題❷。

㈢《道德經》第三部分探討「道」，而「道」的性格無論從形上學觀點來看，或從宗教哲學觀點來看，都對《道德經》的宗教觀有利。當然，從道的超越性或是從它的內存性入手，會有不同的宗教性格；但是，這是第二層次的問題，第一層次需要肯定的，則是《道德經》的性格富有對「道」的形上意義，甚至有濃厚的神祕性。這也就足夠使《道德經》進入宗教氣氛中。

從第一章一開始的「道可道，非常道」，注釋者大多注意到「道」的不可言說性；這是消極面對道的理解。可是「非常道」的語句所展示的，語法上以及結構上雖是「否定的」，但卻暴露出「常道」的存在及意義。「常道」無論從那方面去看，都是永恒不變、超越時空的「道」。因為唯有肯定了這「常道」，才能發展後續的神祕道路的「觀其妙」以及「觀其徼」；這「妙」與

❷像聖多瑪斯的「超越」，同時代的瓦克哈的「內存」，都是宗教性格，前者是宗教理論，後者是宗教體驗。

「徼」原就是「不可道」的「常道」的性格；這性格對人們的知性來說，是知性極限，是「玄」，而且是「玄之又玄」的。而這玄、妙、徼的「道」的來源亦不易弄清楚，只能說其是「象帝之先」(《道德經》第四章)。

雖然，道的來源不甚清楚，可是，道的運作和功能，以及它與天地萬物的關係，倒是非常清楚的。那就是：「道……可以爲天下母」(第二十五章)，而且是「道生一，一生二，二生三，三生萬物」(第四十二章)，這樣，天地萬物都是透過「生」的程度，由道而生。

在這裡，無論問及「道」的來源問題，或是論及「萬物」起源問題，都無法避免與宗教產生關係；而且亦都將富有濃厚的宗教性格。雖然，《道德經》中道「生」萬物，與希伯來宗教神「造」世界，有幾許不同，但基本上仍是同樣開展了「太初」問題的探討。

《道德經》的「道」未必等於西方宗教的「神」；「生」也不會與「創造」等同；可是，「世界」和「萬物」則是相同的，「世界起源」問題也是相同的。進一步，西方宗教認爲世界不是自有的，《道德經》雖沒正式對此表示直接的意見，但總亦認定：世界有開始，而是由「道」所生的。

只要認同世界不是自有的，只要認同世界有開始，哲學思想就會給宗教思想預留空間。

㈣老子的「獨我論」引導了人在道中運作的習性：斬斷人際關係，可是卻另建立道人關係。人在道中運作；或者，換句話說，讓道在人身上運作，這也就是《道德經》下半部的思想重點：

「德」。世界和人類都由「道」所生，這「德」在這裡的功能，就表現在「道生之，德畜之」（《道德經》第五十一章）的原理上。於是，「德」也就是養育萬物的原因。可是，這「德畜之」亦並非具體可知的，仍然是神祕部分，是「玄德」（同上）。道的「玄」（第一章）與德的「玄」（第五十一章、第六十五章）遙遙相對。

道、德、人、世界四者間的關係的釐清，也許是研究《道德經》的學者該努力的方向；但是，無論這研究朝那一方向發展，都無法擺脫神祕部分的思想，也無法擺脫「生」和「畜」的關係。而神祕思想和宇宙起源的「生」，以及宇宙發展的「畜」，都會與宗教因素發生關係。

(五)最後是「無為」思想的研究。筆者前曾在國際漢學會議上發表過一篇論文，中論《道德經》中否定詞的意義和用法❸；而指出「無」是《道德經》中「非存有論」（Me-ontology）的核心名詞，是「否定之否定」（Negation der Negation）；而「無為」只是從本體論（存有論）落實下來的實踐哲學部分。

首先是對「無」的概念；它原與「道」概念等同。只要我們把《道德經》第四十章和第四十二章排列在一起，作一比較，馬上看出「道」與「無」的對等關係：

道生一，一生二，二生三，三生萬物。（第四十二章）

❸ 參閱本書第一篇，〈否定詞在道德經中所扮演的角色〉。

道的「無」，以及人效法道而「無爲」，正是所有神祕宗教共同的表徵。西洋中世的隱修士，東方佛教的隱士，都莫不在這「無爲」的課題上，研究了悟人生。當代消極神學(Negative Theology)的發展，都更支持了《道德經》的宗教性格。

不過，在另一方面，「無爲」的思想，雖成了道教修練的必需條件，但是，道家對「無爲」的運用，則全在政治運作上。自漢以來，帝王多採用「內道外儒」的方法來治國。「內道」也就是帝王自己淸靜無爲，「外儒」亦就是在社會秩序的衞護，還是要用儒家的「禮法」的。

㈥道家的發展，自老子的《道德經》開始，經莊子的《南華眞經》，再經列子的《冲虛至德眞經》，一直到《淮南子》、《抱朴子》等經典，漸漸地由「道」的思想，落實到人生哲學層面，而興起了畫符、煉丹、算命、看風水等行爲。這些神仙思想，逐漸使人在道家精神生命中，去獲取肉體生命的主流。神仙思想固然屬宗教層面，但亦可能迷信的成分不少，其導引百姓不再以立德、立功、立言爲進入精神不朽的途徑，而卻使人沈迷於肉體不朽，甚至寄望長生不老的迷思中。

道教思想沒有釐淸精神與肉體二分的界限，無法走向重精神輕物質、重靈魂輕肉體的原理，總是難登大雅之堂的。不過，道教這些思想，並沒有全奠定在《道德經》的思想上，而是揉合了漢初災異祥瑞等思想，以及運用人性需要宗教的心性訴求上，而開展出來的民間信仰，並沒有深厚的哲學理論作爲根據的。

貳、衛理賢德譯《道德經》中的宗教觀

從上一節我們剖析了《道德經》中可能有的宗教觀後，本來就可以把衞理賢的德譯，逐段校對，不就可以知曉其中含有多少宗教觀，以及是否遵守了信實的譯著嗎？

其實，只要我們一開始接觸衞氏的《道德經》德譯本，單看其對「道德經」的標題譯名，也許就會意識到，這位譯者的不平凡。一來他雖然照一般的「音譯」，直接把中文「道德經」直譯爲德文發音的「Tao-te-king」，但立卽又譯成「Das Buch des Alten vom Sinn und Leben」，後者譯回中文時，無論如何都無法還原爲「道德經」，最多能譯成「理與命之書」，或是「意義與生命之書」。

㈠可是，如果我們讓衞理賢解釋一下，提出其所以用 Sinn 來翻譯「道」，用 Leben 來翻譯「德」時，也許就能了然於他的動機以及對《道德經》的通盤瞭解；而在這動機與瞭解背後，也就必然會領悟到他在這方面所受的宗教影響。

原著第二四、二五頁中，提出了用 Sinn 翻譯「道」，同書第二五頁指出用 Leben 翻譯「德」，都是引用《新約・約翰福音》第一章第四節。在第二五頁注中，雖特別注明，中文的

「道」字，多由希臘文的 λόγος，譯成西文，而這本是〈約翰福音〉第一章第一節所提：「太初有道」；但是，衛氏還是採用了歌德詩人在《浮士德》中對這節聖經的注解，那就是「太初有 Sinn」（第二四——二五頁）。衛氏在這裡，還加注了一句，以爲〈約翰福音〉，或是《浮士德》，譯成中文時，可以用「道」字。這種相互翻譯的功能肯定，一方面展示了衛氏對《道德經》的理解，另方面則很清楚地運用其宗教名詞，來翻譯《道德經》。

一旦「道」和「德」的概念，都由〈約翰福音〉的概念來翻譯，豈不就暴露出譯者本身的宗教取向；當然，「道」和「德」的這種譯法本身，在西方的漢學界亦引起了許多批評和責難；可是，衛氏始終堅持自己的這種譯法。關於這點，在其德譯本於一九五六年秋第十一版時，衛氏之女 Salome Wilhelm 曾特別在序言中提及❹。當然，衛氏自己在第一章注中，亦意識到這種宗教意味的翻譯，對哲學性的意義，恐怕有不周延的地方。那就是他亦注意到「道」的功用，即是有「陰」和「陽」的互動關係；這原亦是《道德經》中可以找到的意義；但陰陽互動卻無法用德文的 Sinn 來展示，甚至無法在後者中找到任何蛛絲馬跡；倒是在希臘文的 λόγος 中，可以找出這種可能的互動原理。再進一層，當衛氏進一步，要用黑格爾的 An-und-für-sich-Sein 和 Da-sein 來解釋「道」存在的二介層面時，捨 λόγος 而用 Sinn，就更難以自圓其

❹ 同❶，第八頁。

說❺。

㈡衛氏譯文中用了許許多多的人稱代名詞「你」和「他」。當然，這並不能說衛氏對《道德經》原文在瞭解上不夠，但亦不得不指出這是在「解釋」❻上的過分簡化，而沒有注意到老子「獨」的哲學的重要性。這也許是西方文學基本上結構的困難無法單獨用「動詞」而沒有「主詞」的語句，來表達知性的行爲所致。筆者在上節中指出老子《道德經》在這方面的特性，反而在衛氏德譯中消失了。

也就因爲衛氏沒有注意到中國哲學中，儒家道家在形上基礎上的差異；儒家講人際關係，道家主獨立性，因而亦把《道德經》和儒家經典，同樣都放在「政治性」作品之中，而忽視了《道德經》本身形上思想重於政治思想的事實❼。

關於老子《道德經》對人際關係的忽視，衛理賢德譯並沒有完全把握算是憾事。但在另一方面看，有關「否定詞」的用法，衛氏卻下了相當多的工夫在裡面❽，甚至運用了西洋哲學最新潮

---

❺ 同上，第一二七頁。
❻ 「翻譯就是注解」常言，在這裡尤感有效。
❼ 同❶，第二三頁。
❽ 同上，第三二頁。

流的現象學名詞「純自我」，來瞭解老子對主體性的把握❾。但卻仍然沒有把這精神導入宗教精神中。

㈢再來就是把「有道之人」或是宇宙萬物的「自然運作」看成「道」的外顯，而統稱之爲「德」；然後把這「德」譯成「生命」(Leben)，可說是對中國哲學有深刻的研究。儒家之「生生之德」本來最能表現這點。可是，也正因爲衞氏對儒、道二家之根本態度，分少合多、相異少相同多的觀點之下，迫使其「生命」的意義富有太多的「人文」氣息。這人文氣息的生命，本是儒家的特長，而並非道家的學理。道家所努力的，倒是相反，要儘量減低人文，而讓自然實現，其「不尙賢，使民不爭」(《道德經》第三章) 等語句，都是在反駁儒家的人生觀，而用「復歸」(第十四章、第十六章) 的方式，回到自然；到最後，把「道」所效法的目標也稱爲「自然」，(《道德經》第二十五章：「人法地，地法天，天法道，道法自然。」) 自然與生命本是不等同的。道與世界的關係是「生」，可是，萬物與道的關係，則是「歸」❿；而「生」和「歸」都是「自然」的運作，這運作的情形，與基督宗教教義所主張的「道的生命」，有相當遙遠的距離。

㈣關於「歸」概念，以及「回歸自然」的學理，衞理賢在另一方面，是有相當深度的發揮

---

❾ 同上，第二八頁。

❿ 參閱本書第四篇，〈原始道家哲學「生」概念之詮釋〉，第五七頁。

的；尤其是在比較中西文化方面的見解，不能不說有相當大的貢獻。然而，就本文主題的「宗教觀」來看，則有時未免使人覺得會呈現牽強，或附會之嫌。其中最清楚的一點是：衞氏把「德」的存在意義，歸結到「道」的沒落。這種過於普遍化的名詞運用，便容易發生混淆，一來是「道」的用法，在《道德經》中，亦有「天道」、「人道」之分。老子的學說，只在指陳當時「禮教」的敗壞，亦卽「人道」的沒落因而才主張自然無爲，回歸自然；其中的「天道」可就沒有沒落或墮落的跡象。這也就是說，老子眼見人文道德的敗壞，但卻從來沒有認爲道本體的墮落或降凡。衞理賢在這裡，廣受希伯來及基督信仰的影響，以「原罪」墮落的教義來引中爲「上帝降凡」的救贖論，來解釋《道德經》的「歸」概念。同時特別引用盧梭的「回歸自然」的理論，來注解老子的學說。這對盧梭之反對基督宗教，與老子本身的宗教情操，原是不可同日而語的⓫。

㈤《道德經》五千言的德譯中，衞理賢倒是儘量避免在用字上，突現出其宗教觀；但奇怪的是，在第四章的「象帝」一詞，竟直接用了西方「上帝」(Gott)一詞。「象帝之先」也就譯成「上帝之先」。這樣，把「道」看成是「上帝」以前的存在，實在無法使人瞭解。當然，在書後的第四章附注當中衞氏曾設法給予這譯文一種解釋：首先他引用 Strauss 的翻譯，後者把「象

⓫同❶，第一六頁。

帝」譯成德文的 Herr(主,主人),意爲這是原始時代最高之上帝稱呼(這亦非中國古代的作法,而是希伯來文化的用詞);衞氏據此而直譯爲「上帝」⑫。再來的解釋是:以爲「吾不知誰之子」,在讀法上可以成爲「那一個人之子」。(這種說法很難自圓其說,「誰」字究竟是否一定是人稱名詞?尤其在《道德經》語言體系中,本來就要斬斷所有人際關係的,爲何突然出現這人稱代名詞的疑問句?)衞氏的理由是第二十五章那句:「吾不知其名」,並據此以「上帝之子」的名來開明「道」⑬。這樣下去就會在整體思想上越來越複雜;因爲,在西方宗教中,上帝之子本來就是耶穌基督,而後者在〈約翰福音〉中,則稱爲「道」(λόγος),那末,衞氏何不把「道」譯成 λόγος?反而用德文的 Sinn 來譯「道」?

㈥再來的一處可能會帶來更大更多的麻煩的,就是第十四章的注。衞氏把老子「道」的特性「夷」「希」「微」看成可與《舊約聖經》中,希伯來對上帝之名的稱呼;而加上這裡,「道」變成「神性」⑭。當然,如果認爲「道」由於這三種特性,成爲「玄」,成爲「不可名狀」則無不可;不過,希望透過這三名詞(皆是等級比較低的否定詞),就可以展現老子泛神論的傾向,則是過分的強求。而且,希伯來的至上神信仰是完全無法容納泛神論的。

⑫ 同上,第一二九頁。
⑬ 同上,第一三〇頁。
⑭ 同上,第一三三頁。

結語

從前面兩個面向的探討看來，無論《道德經》本文，或是衞理賢的德譯本都富有宗教意味。當然，如果一定要說，《道德經》是一部宗教經典，則亦難以提出論證：因爲它不但與西方基督宗教《聖經》不一樣，它與中國的佛經亦不相同。可是，反過來，硬說《道德經》不是宗教性的作品，則亦過於獨斷。因爲從《道德經》演生下來的思想，畢竟催生了道教。而道教之爲宗教，就是顯而易見之事。

因而，對本論文最後的結語是，衞理賢說：「中國哲學爲政治性著作」⑮，而「老子的《道德經》和孔子的《論語》都非宗教性的作品」⑯，基本上是沒有什麼錯誤的。但是，把孔子的《論語》和老子的《道德經》並列，而因此說明它們都同樣不是宗教性的作品，則稍嫌過於籠統。因爲，道教的興起是件不容置疑的事實（儒教則有較多的爭議，是否爲宗教，至今尚未有定論）；它有教義、教儀、教規、信徒、教士、組織、廟堂，各種宗教條件都具備。如果問及這種宗教的經典，《道德經》就是伊始。這樣，否定其爲「宗教性作品」，就難以自圓其說了。

⑮ 同上，第二三頁。

⑯ 同上，第二二—二三頁。

再有就是在本文的正文部分，筆者所列舉的兩個面向的探討，也正闡明《道德經》的宗教性格，以及衞氏譯的宗教性格。

究竟其宗教性格的深淺或是究竟有多少成分，那些章節比較明顯，則有待道教諸學者的指正了。

道家與懷德海

——「生」概念與「創生」概念之比較❶

緒論

西洋哲學的發展，涉及到動態宇宙觀的，有希臘早期的赫拉克利圖斯（Herakleitos, ca. 544-484 B.C.），其「萬物流轉」（παντα ρέι, Panta rei）的學說，襯托出「羅哥士」（λόγος, Logos）的最終原理；後有近代的斯賓挪莎（Baruh Spinoza, 1632-1677），其「神即實體即自然」（Deus sive substantia sive natura）的學說，把「能產自然」（natura naturans）

❶這篇論文的寫作動機，是筆者繼〈原始道家哲學「生」概念之詮釋〉（宣讀於國際方東美哲學研討會，民國七十六年八月十六日—十八日，臺北；參見本書第四篇），以及另一篇論文〈老莊哲學「觀」概念之研究〉（宣讀於國際老莊會議，民國七十六年十一月十二日—十七日，臺北）對道家哲學進一步的瞭解，希望在於與西方哲學作比較中，更見其形上意義的深度。

與「所產自然」(natura naturata)蔚成創生不息的宇宙；當代則有懷德海(A. N. Whitehead, 1861-1947)以其「創生」(creativity)概念，建立了機體哲學(philosophy of organism)，使西洋主流的靜態本體論(存有學 Ontology)，轉化成動態的宇宙；使西洋哲學在與東方哲學相遇時，有更大更深的融和性。

而東方哲學的中國哲學，原就從《易經》的「生生不息」理念，發展成各家各派哲學，其中尤以道家的「生」概念，更能發揮出動態宇宙的藍圖。

本文嘗試以道家的「生」概念，來比較懷德海的「創生」概念，企圖找出二者對宇宙的理解，以說明二派哲學的超越中外古今，而對「默觀」(speculation)的運作本身，以及默觀的成果，都有非常相似之處；藉以更突現出宇宙的動態性格。

壹

從懷德海哲學思想三期的劃分中，很容易把握住其科學哲學的運作過程；不過，其科學哲學不像其他的科學哲學家，固守在語義分析以及要求檢證的層面；而是能突破所有事件，而直指形而上領域；而在形而上的領域內，默觀出「創生」的整個「歷程」，而發現生生不息的、動態的宇宙。

其思想第一期是數學與邏輯的階段。在這期中，懷氏還和羅素（Bertrand Russell, 1872-1970）合著了經典之作的《數學原理》（*Principia Mathematica*），開始了思想結構的探討。其思想的第二期進入了科學哲學，開始探究人類知識的課題：從知識跳到形而上，便是第三期的思想。此期是以哲學來反省科學的各項原理，其代表作《歷程與實在》（*Process and Reality*, 1929），便是此期的成品。

本文把焦點放在《歷程與實在》一書，而此書是一系統性的著作：書的開始提出範疇，作爲全書各概念的界說，是爲第一部分；第二部分是範疇的運用，而運用的對象則是西方哲學史；從這兩部分作爲基礎，然後進入知識，社會結構，終結於終極的詮釋——即是本文中核心課題的「上帝」（神）以及「創生」問題的終極理解，作爲懷氏理解宇宙論的全燔❷。

「創生」概念原就是懷德海用來含攝所有範疇，尤其是諸範疇的運作歷程的終極範疇。筆者認爲它一方面用活了西洋傳統哲學的「創造」（creation）概念，同時亦含攝了西洋哲學支流的「流出」（emanation）學說，把西洋上帝與世界的關係生命化；而且更使原本超越的上帝，轉化成內存同時又超越的神明。至於世界，在西洋傳統哲學中，原只是受造物（creature），

---

❷ 有關懷德海的思想大綱，尤其是《歷程與實在》一書的思想大綱，請參閱沈清松著：《現代哲學論衡》（黎明，民國七十四年八月），第四章，第四、五節。

其創生性格非常的不明顯❸；懷德海能夠用他的機體哲學的默觀，發明了世界的創生性，使其在某種程度上分受著上帝的創生能力。這種宇宙論的架構，的確類似於東方哲學的自然觀。

一、「創生」（creativity）概念

在《歷程與實在》一書中，追溯到「上帝與世界」的關係，原擺脫不了西洋自從接受希伯來宗教信仰之後的宇宙生成論（cosmogony）；但是，懷氏一開始就設法避免「神造世界」的單向描述；亦即是說，他試用各種方式，說明從亞里士多德（Aristoteles, 384-322 B.C.）以來，對「上帝」所描繪的「原動不動者」（motor immobilis），不合乎事實❹。因爲假如設定了上帝的原動不動，首先就非要在時間上設定：上帝的優先存在；再來就是要設定：上帝創造了世界；

---

❸ 西洋哲學幾乎清一色把上帝當作造物者，而世界則是受造物；把受造物亦分受創造性格的，首推士林哲學早期思想家伊利哲那（J. S. Erigena, 810-877）。伊氏在宇宙的存在階層中，用「創造」概念的主動與被動詞的功能，說明上帝是「創造而非受造的自然」（natura creans increata），但同時亦是「非受造亦非創造的自然」（natura nec creata nec creans）；即受造物之中亦分享了創造的功能，成爲「創造而且受造的自然」（natura creans creata）。

❹ 《歷程與實在》（*Process and Reality*, Alfred North Whitehead, edited by David Ray Griffin and Donald W. Sherburne, The Free Press, Macmillan Publishing Co., New York, London, 1978），第三四三頁。

上帝是唯一的造物者，而世界以及世界上的一切，都是受造物。而在懷德海的範疇體系中，以其機體哲學的說法，上帝的存在並非在創造之前，而是與創造同時❺。而且，上帝創造了世界，世界也創造了上帝❻。

「創生」固然是上帝的第一本性❼，但是，世界對這「創生」亦有所回應；世界不但是接受創造，而對創造亦有反應；這回應也就是用「創生」的不斷延續，來參與世界走向完美的歷程❽。雖然在數量上看，上帝的唯一性（因爲是所有現實物（actual entities）最原始、非時間的特例），以及世界的多元性，相互之間有顯著的差異，可是，這「一」與「多」，還是透過「創生」而在歷程中，化爲一體，既有相同的「創生」功能，又有現實存在的保障❾。

歸結起來，懷德海對「上帝與世界」的描述，極力想打破西洋哲學主流的二元宇宙體系，而使其在「創生」的概念下融成一元；但在這一元之中，同時又展現出多元的特性（尤其上帝與世界二元的特性）。

---

❺ 同上。

❻ 同上，第三四八頁。

❼ 同上，第三四四頁。

❽ 同上，第三一、三四五頁。

❾ 同上，第三四九—三五〇頁。

二、「生」（generation）概念

也就在致力於打破二元對立，而設法建立圓融的整體觀——機體哲學，「創生」概念因爲在字源上還有「創造」的陰影⑩，懷德海在宇宙生成論的課題上，直截了當地用「生」（generation）概念，以示「上帝與世界」的同質（con-substantiatio）。懷氏在討論現實物的次序時就指出「世界就是個別現實物『生』的歷程（process of generation）」⑪，而且「每一個現實物都是『生』的歷程」⑫。而這個「生」的歷程，也正展示出宇宙「創生」能力；懷氏用斯賓挪莎的學說「能產自然」，作爲自然世界本性中「生」的功能⑬。當然，懷德海還是利用其物理學的概念，認定「生」的意義是「自身製造」（self-production），並以之作爲「自然」（φύσις, physis）的特性⑭。

「生」概念的功能，不但在「創生」理念中，設法擺脫「創造」的傳統意義，也不但超越由

⑩「創生」（creativity）概念，還是和「創造」（creatia）的拉丁文字源相同。
⑪《歷程與實在》，第六〇、二一九、二三五頁。
⑫同上，第六〇頁。
⑬同上，第九三頁。
⑭同上。

別的原因「製造」成品的嫌疑，而且能把靜態的世界，轉化成動態的整體；而在這整體中，突現出「機體」的功能，由「生命」所灌輸的整體宇宙的功能。原來，在哲學史發展的意義下，懷德海以亞里士多德的這個概念，來反對柏拉圖式的宇宙二元論。柏拉圖的二元世界，原以觀念界爲「常」，而感官世界爲「變」；因而在推動著與希伯來宗教的「創造」概念吻合，而開展了基督宗教哲學的「創造說」。而今，懷德海用「生」概念，把「同質」的成果連繫著二元世界，使其成爲整體⑮。

三、「進化」（evolution）概念

「創生」概念固然不同於「創造」，但是懷德海也並不承認近代以來，與「創造」學理相當反對的生物學上的革命。他認爲就在牛頓物理學的層次上看，「進化」亦非事實；倒是可以把「進化」概念作爲柏拉圖宇宙論的理解。這種說法當然與懷氏基本立場，不走生物學之路，而走物理學之路有關。但是，基本上，「創生」的箭頭所指向的，並不是由下而上的發展，雖然懷氏並沒完全同意那從上而下的「創造」方式⑯。正如前面說過的「上帝創造了世界，世界也創造了上帝」，上帝「創造」世界，世界「回應」上帝一般，在宇宙的動態架構中，向上之道與向下之

⑮ 同上，第二〇九頁。

⑯ 同上，第九四頁。

道都暢通，而且是雙向的。

× × ×

從上面探討的「創生」「生」「進化」幾個基本概念的意義看來，「上帝」概念還是最基本的，懷德海在其機體哲學的設計中，把上帝解釋爲「最原始，非時間的特例」，而且「創生」才是整體宇宙的究極⑰。然而，在《歷程與實在》一書中，有數不清的地方討論了「上帝」，在每一思想發展的階段中，「上帝」總有其特定的定位，不但意味著上帝的特例，而且指示出其普遍性，與世界不可分性。

由於「上帝」概念的特殊地位，要以其特性來迎合「創生」的機體哲學系統，並不是一件容易的事；尤其是在不同場合出現不同的功能看來，究竟懷德海的「上帝」有多少性格，成爲見仁見智的分歧。當然，最常見亦最容易使人瞭解的，就是「二性說」，以二元劃分的方式，把「上帝」分成原初性（primordial nature of God）與終結性（consequent nature of God）⑱。但是，亦有以「三性說」來瞭解懷德海的「上帝」概念的，那就是先在性，後得性，超主體性⑲。

---

⑰ 同上，第七頁。

⑱ 沈清松著：《現代哲學論衡》，第一二一頁。

⑲ 楊士毅著：《懷德海「實際事物」理論探討》，文化大學哲學研究所博士論文，民國七十三年十一月，第二二三頁及以後。

先在性也就是原初性，而後得性即終結性；至於超主體性（God's superjective qualification on creativity）的理解則是在體認了其「先在性」（原初性）的「由許多概念感受所共同聚合而成的統一體，這些感受是對永恒對象而發」⑳，以及其「後得性」（終結性）的「物理攝受了此正在演化中的宇宙的諸多現實物」㉑之後，而形成的「在各種境遇中的特殊例證」㉒。

無論是「二性說」或是「三性說」，其實都超過了傳統的「超越性」（transcendence）與「內存性」（immanence）的劃分；表面上是擺脫了本體論的探討方向，實質上則是在提昇知識論的地位，使「知性」的運作，獲得較多的注意力以及功能。這原是所有科學哲學的通性，懷德海在這裡沒有例外。

在《歷程與實在》一書最後部分，「最終的詮釋」提供了「上帝與世界」的八種面向的意義，算是對全書「上帝」意義的濃縮。在這濃縮中，懷德海一直設法把「上帝」拉進他的「創生」概念之中，在行文中不難發現，傳統意義的上帝「超越性」，仍然無法全面被排除；而在懷德海物理哲學比較肯定的部分，也只把上帝超越性格中的「原動不動者」除去㉓，但卻無法減低

⑳《歷程與實在》，第八七—八八頁。
㉑ 同上，第八九頁。
㉒ 同上。
㉓ 同上，第七三、三四三頁。

「等級遞進」的價值㉔；而事實上，從亞里士多德開始，一直到聖多瑪斯（Thomas Aquinas, 1224-1274），「原動不動者」是第一路證明，而「等級遞進」（gradus perfectionis）則是第四路證明；而這第四路卻是柏拉圖的論證。

當然，能夠消除「原動不動者」，也就能夠除了「非因之因」（causa incausata），而回歸到「自因」（causa sui）的機體運作㉕。

無論從那一個角度看，除去了上帝的超越性格，總易於掉進「汎神論」（pan-theism），或至少掉進「萬物在神論」（pan-entheism）的範疇中。

貳

在中國哲學各流派中，道家一向被認爲最富形上學色彩；這形上色彩就是因爲特殊探究了宇宙和人生根本原理的「道」。「道」作爲宇宙原初本體來看時，幾乎可以與西洋哲學的「羅哥士」（λόγος, Logos）等量齊觀㉖，當然，在某方面看，它也可以表現出「上帝」的性格，或是

㉔ 同上，第八七—八八頁；並參閱楊士毅著：《懷德海「實際事物」理論探討》，第二三二頁。

㉕ 《歷程與實在》，第八八頁。

㉖ 參閱鄔昆如著：《莊子與古希臘哲學中的道》，中華，民國六十一年五月。

「存有」的地位；那也就是在「道與世界」的關係中去尋找。

一、「生」概念

「道與世界」的課題，首先出現在老子《道德經》的，就是：

> 道生一，一生二，二生三，三生萬物。㉗

「道」與「世界」的關係是「生」。現在的問題是：「生」究竟是什麼意義？傳統的注解，多爲就「生」的本身意義之外，去尋找「能生」與「所生」的課題，就如河上公或是王弼，都把這章的「生」的意義，轉化到解釋一、二、三的數目意義上；配合著另一章的「天下萬物生於有，有生於無」㉘，而一直設法分析「有」和「無」的意義。「生」的意義要在當代研究老子的學者，才較多發揮。首先提出的，也正是要在「道與世界」的關係中，找出「生」的意義。就如：

> 這個「生」，並不是母子的關係，並不像一般動物，由母體產生另外一個全然獨立的子體。那末「生」是什麼意思呢？我們知道宇宙萬物是萬象森然，清晰有別的。而道卻是恍

㉗《道德經》，第四十二章。

㉘《道德經》，第四十章。

惚混沌無分無別的。……但道的這種混沌狀態是可以打破的；它可以因「道」的運動演變，而顯現出種種狀象來，等到狀象畢露時，那就宇宙萬物一一可辨。㉙

這裡的「生」被解釋成「化」，表示「道」本身「顯化」而成萬物；而「萬物」則是「道」的顯化。這也說明了「道」雖然「生」了萬物，但仍然不離萬物，仍然內存於萬物之中。這也就印證了後來莊子的「道在萬物」的理解㉚。

「道」生「萬物」，但仍然「存在」在萬物內。

在與西洋哲學的比較研究中，方東美先生認爲：「道」的「生」所展示的，是「創生」；而這「創生」又不像希伯來民族所信仰的，上帝只有一次「創造」世界；中國哲學的「創生」則不是一度的程序，而是不斷地「創造」㉛。這「創生」的觀念的連續性，方東美先生用了英文的creatively creative creativity來形容。

當然，這裡的「生」雖然包含了機體的「生」的意義，很可以與懷德海的「創生」概念作比較；但是，由於道家的「道」比較富有神祕性，而「上帝」在懷德海心目中，並沒有濃厚的神祕

㉙ 張起鈞著：《老子哲學》，正中，民國六十八年五月八版，第四頁。
㉚ 《莊子・知北遊》。
㉛ 方東美著：《原始儒家道家哲學》，黎明，民國七十四年十一月再版，第一九〇頁。

色彩㉜；反而是相當具體的特例㉝，因而亦影響了「生」的意義的多元性。

西方人士在翻譯《道德經》時，對「生」概念的理解，也有達到「創生」的境界的，就如 James Legge 在譯《道德經》第四十章時，就用 sprang from，就很有「生」的氣息㉞；衞理賢（Richard Wilhelm）譯同一章時，亦用德文的 enstehen in，有「以之作爲基礎、來源」之意，離「生」的距離不遠；而在譯第四十二章時，則直接用 erzeugt，完完全全是「生」的意義，而且是由母體生出子體的行爲㉟。另一位翻譯《道德經》的 Günther Debon，對第四十章譯得很恰切，卽是用 geboren，完全是「生」的直譯㊱。

二、「生」概念的延伸

《道德經》中「生」概念出現了三十六詞次，其中有十三次是宇宙生成論方面。到了莊子的《南華眞經》，「生」概念竟然出現了二百五十一詞次，但其中絕大部分是探討「生命」的

㉜ 方東美先生用「玄之又玄」來解釋「道」，謂之「玄玄之謂玄」，而懷德海則用「實在」來解釋上帝，其間是有很大區別的。

㉝ 《歷程與實在》，第七頁。

㉞ 參閱本書第四篇，〈原始道家哲學「生」概念之詮釋〉，第五九頁。

㉟ 同上。

㊱ 同上。

意義，以及對「生活」情調的提昇。對宇宙生成問題莊子所用的概念，有時是「出」，有時是「始」，有時是「起」：如「萬物出乎無有」（〈庚桑楚〉），與老子的「天下萬物生於有，有生於無」（《道德經》第四十章）有同義；又如「泰初有無，無有無名，一之所起，有一而未形」（〈天地〉）；再如「有始也者，有未始有始也者，有未始有夫未始有始也者」（〈齊物論〉）。

莊子的生命情調，表現得最深刻的，就是「天地與我並生，萬物與我為一」（〈齊物論〉），把人的生命與天地萬物的生命看成一體；天地萬物的「生」，也就成了人的「生」；這種共生共存的意境，到最後的源頭便是「道」，而萬物一體的原理也在「道」，這也就是「道通為一」的原理。人的生命活在「道」之內，在道德上是要知道取捨的，因而有「天下有道，聖人成焉；天下無道，聖人生焉」（〈人間世〉）的結論。

「生」概念在道家的發展，到了列子時，就漸漸庸俗化，其神仙思想的「生」是避世的，企圖超越肉體的死亡而進入不死不滅的狀態。在宇宙生成論中，淡忘了「道」本身的超越性和內存性；倒是有點像演化論的學說，就如：「久竹生青寧，青寧生程，程生馬，馬生人。人久入於機。萬物皆出於機，皆入於機」（〈天瑞〉）。列子庸俗化「生」概念，還有下面一段話：「可以生而生，天福也；可以死而死，天福也；可以生而不生，天罰也；可以死而不死，天罰也。可以生，可以死，得生得死，有矣」（〈力命〉）。把「生」概念落實到具體社會生活時，就顯得更加庸俗，即是「天地萬物，與我並生類也。類無貴賤，徒以大小智力而相制，迭相食，然相為而生之，人取可食者食之，豈天本為人生之。且蚊蚋噆膚，虎狼食肉，非天本為蚊蚋生人，虎狼生肉者哉？」（〈說符〉）

道家「生」概念經由老子的開創，莊子的繼成，到列子開始沒落，而從宇宙之生成變化，轉變為追求長生不老的肉體生命。

三、「生」與「歸」

但在另一角度看，道家的「生」概念的發展，原亦是從「生」到「生命」，再到「生活」的進程；這種發展的方向，原也是「道」在外顯過程中的次序。「道與萬物」的關係，本來也就是一步步潛在於萬物之中，而成為「道在屎溺」㊲的境地；但這潛在卻不是「道」的墮落，而卻是帶領「萬物」回歸「道」的原始境界，這也就是「道與世界」關係的另一層面，即是「歸」概念的運用。

原來，「道與萬物」的關係上，在宇宙生成論的觀點上看是「生」；但是，站在萬物的回應上看，則是「歸」。那即是：「致虛極，守靜篤，萬物並作，吾以觀復，夫物芸芸，各復歸其

㊲《莊子・知北遊》。

根。」㊳

在這裡，老子在「道與萬物」關係中所運用的「生」概念，配合了「歸」概念，也就形成一生生不息的宇宙，是一個動態的宇宙。

這動態宇宙是一個生命的整體；「道」雖然生了萬物，萬物卻並沒有獨立存在，而離開道；卽是仍然在道的運作中，作著永恆的回「歸」行動㊴。

當然，「道生萬物」以及「萬物歸復」的運作，不是機械可以瞭解的，而是充滿著「玄」的面貌，是「玄之又玄」的道體的運作㊵。

這機體的運作模式，展示得最完美的，是在人生的層面，那就是莊子的生命情調的發揮，這生命情調的形而上基礎，在於「道與世界」的整體性，因而在生命過程中，所有的矛盾、對立、荒謬、疏離，都可用「以道觀之」的思想模式，獲得「道通爲一」的境界和成果；這成果極像西洋哲學的古撒奴斯（Nikolaus Cusanus, 1401-1464）所用的方法「在永恒形相之下」（sub specie aeternitatis），以及所獲得的成果「對立和諧」（coincidentia oppositorum）；而且在「道」的原初性看來，亦大有萊布尼玆（G. W. Leibniz, 1646-1716）的「預定和諧」

㊳《道德經》，第十六章。

㊴鄔昆如著：《莊子與古希臘哲學中的道》，第四七—四八頁。

㊵方東美著：《原始儒家道家哲學》，第一九〇頁。

(harmonia praestabilita)的功能。

再來就是從「生」概念導引出「生活智慧」的抉擇。而知道取捨進退，作為道家現實人生觀的運用；上面提及的「天下有道，聖人成焉；天下無道，聖人生焉」㊶就是最好的例證。

叁

道家的「生」概念與「歸」概念，在動態的宇宙理解上，簡直和懷德海的「上帝與世界」關係的「創生」概念以及「回應」概念，一模一樣，下圖可展示此一情形：

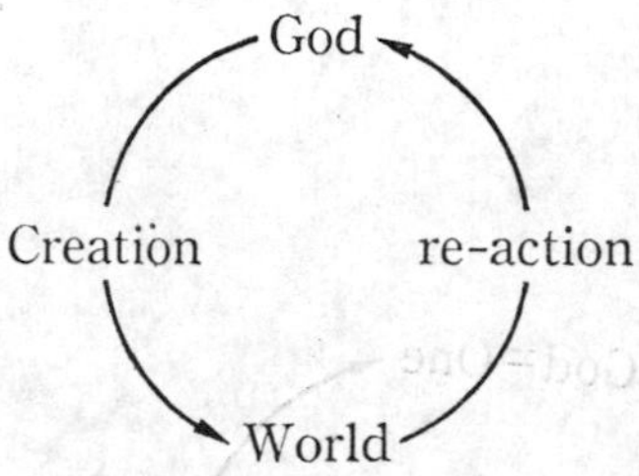

㊷

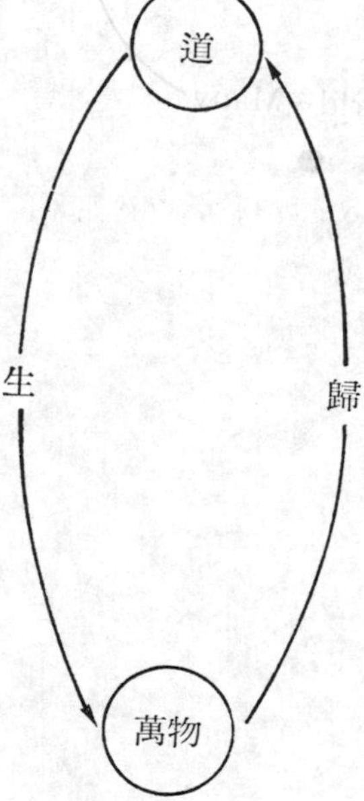

㊸

㊶《莊子．人間世》。

懷德海在這裡，還有一種解說，也可以一併來理解，那就是「一與多」以及「歷程」概念的運用：

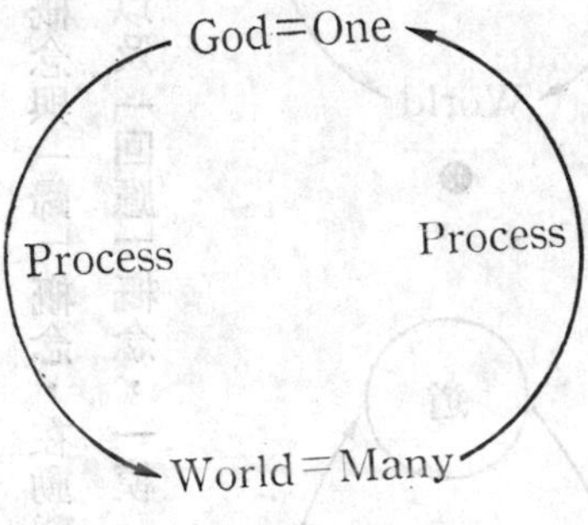

㊹

無疑地，用「歷程」單一的概念，來取代向上之道，以及向下之道的運作，更能概括動態宇

㊷《歷程與實在》，第三二、三四五頁。
㊸《道德經》，第四十、十六章。
㊹《歷程與實在》，第三四九—三五〇頁。

宙的特性，同時亦正展現出「上帝在世界中」的隱義。懷德海的「歷程哲學」也就是「機體哲學」，都在展現此一動態的宇宙，其中包含了上帝在內的世界，正如老子的哲學亦展示出動態的，包含道本身在內的萬物世界一般。

在「歷程」就是「創生」的命題下，懷德海的「創生」概念，也就與道家的「生」概念形成同義異字了。

上面是原則性以及一般性的比較，下面我們深入細節，試把道家的「生」概念與懷德海的「創生」概念，作更詳盡的描述。

一、有無相生

在道家思想中，宇宙生成論總認定《道德經》第四十章與第四十二章的內容，以「道生萬物」以及「有生於無」的原則，來論述「生」的意義，可是第二章的「有無相生」卻又忽然使思路跌進了迷惑。這情況極似懷德海的「創生」概念，後者原把「創生」的功能在傳統的意義上，歸於上帝，上帝是創造者；可是由於機體哲學的需要，以及動態宇宙的描述，又不能不說出：「上帝創造了世界，世界也創造了上帝。」㊺在語句的形式內容上看來，道家的宇宙生成論與宇

㊺《歷程與實在》，第三四八頁。

宙的動態本質之間的衝突，也恰好是懷德海在同樣問題上的衝突。而化解此衝突的方法運用以及說服力的程度，二者亦都同樣付之闕如。

道家的「無」與「道」之間的緊密關係不清楚，懷德海「上帝」與「現實物」之間的緊密關係亦難以釐清，可能都同屬於這問題的困難所在。

二、超越與內存

無論上帝與世界的問題也好，或是道與萬物的關係也好，總是擺脫不了超越與內存的課題。在「生」的概念來看，道家的「道」顯然的是超越者，但從老子的超越卻很快地演進到莊子的內存。道的「恍兮惚兮」到「道在屎溺」的思想演變，幾乎有汎神論的色彩，而懷德海的「創生」概念，其上帝本當是超越的；但是，由於機體哲學的整體性，又不能不把上帝臨在在世界當中。當然，無論「道在萬物」或是「神在世界」，其實都成爲融洽或調和的哲學問題。二元論當然是其剋星。於是，我們不難明瞭莊子爲什麼花那末多的精神在〈齊物論〉的探討中，而懷德海則用了許多辯證來說明柏拉圖二元的困難。「生」概念和「創生」概念都在設法證實宇宙原是圓融的一體。

不過，道家對「道」的體認，總讓其保留超越的性格，雖然有內容的特性，但仍舊沒有丟棄超越的優位。但是，懷德海在其機體哲學中，儘量不讓上帝保留超越的遺產，而讓上帝降凡到其歷程的機體之中。

三、不斷創生

道家的宇宙是生生不息的，懷德海的創生也是沒有止息的；這也就是「能生」與「所生」融爲一體之後的生命延續。爲了展示這「創生」的「生生不息」狀態，懷德海在其「創生」(creativity)之外，還直接用了「生」(generation)概念，來說明其心目中「機體」的「歷程」，而把「歷程」看成是「生的歷程」(genetic process)[46]；甚至在人際關係的社會性中，亦用「生的關係」(genetic relation)[47]；而由於這「生」的同質關係，道出了社會間的「相似性」以及「合群性」，使個人的存在不致於有疏離感[48]。

這樣，不斷創生的歷程，從最原初的現實物，一直到現實物落實到社會人際關係中，亦即從宇宙到人生，都形成一個不斷的延續。

當然，這種機體性的理解，由於淵源於物理的「運動變化」的觀察所得，其引伸出來的默視，也就並沒有走向兩極，即對這現實物的最初來源以及對其最終歸宿的形上學課題，懷德海交

---

[46] 《歷程與實在》，第二一九、二三五、二八三頁。

[47] 同上，第三四頁。

[48] 同上，第八九—九〇頁。

代得並不清楚。原因非他，除非保留西洋傳統的上帝觀念，否則就難以把這原屬於上帝的特性「同時是起始，同時又是終了」的描繪突現出來。

道家在這方面比較幸運，一來因為中國文化本身「天」概念並不像西洋「上帝」那末終極化，而道家的「道」則更是「無界定」的描述，其否定式的描述，遠比肯定式、積極性的描述多㊾。也就因此，當其問及起始和終了的問題時，同樣可以用否定語句回答，即是：道就是無始無終的，「道」的進一層描述，還可以是「無形無像」的；懷德海的「上帝」就無法用否定詞來界定；祂在機體哲學中，並非無形無像的，同時亦沒有肯定祂的無始無終。

結語

在比較道家的「生」與懷德海的「創生」概念中，所實現的同是動態宇宙的課題；動態宇宙不一定否定超越上帝的「原動不動」（雖然懷德海在這方面這樣認為）；因為物理的動原就與哲學的動並不完全吻合，前者可以假定「自動」（這也就是懷德海用「自因」的理由），而後者則必需有「被動」的序列順序，才足以解說生成變化的根本問題。再則，設定了一切都「自動」，

㊾ 參閱本書第一篇，〈否定詞在道德經中所扮演的角色〉。

也就不必要再有「創生」的問題發生。

宇宙的開始存在，以及宇宙的繼續存在，原是兩回事；道家的「生」概念，多少還顧及到宇宙生成論的課題；但是，懷德海的「創生」概念，似乎只在宇宙延續的課題上打轉。

更進一步的批判是：無論道家的「生」概念，或是懷德海的「創生」概念，都太著眼於「宇宙」問題，而忽略了人文歷史的課題㊿，換句話說，重宇宙，忽略人文；重結構，忽略歷史。當然，道家的「生」亦貫注到「生命」「生活」層面，但那只是對生命較消極的看法，至少沒有積極參與人際關係的事務。至於懷德海，雖亦以「生的關係」來說明人際關係在社會中的重要性，但畢竟沒有把這關係的價值層面，尤其是倫理價值層面開展出來。

如何能使「生」和「創生」互相補足，以及二者進一步的比較，留待以後有機會再另文討論。

㊿ 參閱沈清松：《現代哲學論衡》，第一二四頁。

莊子的生死觀

緒論

人生哲學中無論關於具體生活的生命、生活、生存、生計，乃至於當前舉世所矚目的生態，或是論及抽象的生命的意義、價值、取向，都無法忽視生命開始的「生」，以及生命結束的「死」二大終極問題。原來，生和死都不是在生命以外的東西，而都是生命內部的因素：「生」的行動開始了生命，而「死」則是結束了此生。這種「伊始」和「終了」的問題，原是哲學向來都關懷的課題。基督宗教哲學設法從今世的生命，延續到來世；就連對基督教義不甚友善的康德，也主張「靈魂不死」❶，來彰顯善惡報應的正義。因而，西方文化大有把「死」並不作爲生

❶ I. Kant, *Kritik der praktischen Vernunft*, Zweites Buch, 2. Hauptstuck, IV.

命的結束，而是另一生命的開始。東方的佛教教義，則不但在人「死」後，強調來生來世的課題，而且更在人「生」之前，問及前生前世的因緣。

中國的哲學，多把重心放在今生今世的修為上，而對生死問題，不多作探究；孔子的「未知生，焉知死」（《論語・先進》），似乎代表了儒家的思想取向；其事鬼神、祭祖先的宗教情操，畢竟沒有開展出對生死問題的深度探討。

倒是道家，由於對生命情調的注重，以及對人生各種喜怒哀樂情緒的疏導，於是在生死問題的觀點上，指陳出不少的看法；甚至，在某些行為上，還作出一些有違常理的情事。尤其是莊子，其敍述的手法摻雜了寓言、譏諷、譬喻，總要設法指出「生死同狀」，而引導人不要悅生，不要惡死，而是以超越的自然主義，來看人生中的生和死現象；而且更進一步以其「道在屎溺」的汎道主義（Pan-taoism）的大生命，來貫穿整體宇宙；而把人生的生和死，都看成大宇宙生命中的變化。能夠以這種「以道觀之」的宏觀來看生死，才配作完人的至人、神人、眞人。

本文試就《莊子》書中有關生死問題的觀點，作一綜合性的批判，一方面解讀其中的一些寓言的意義，另方面試圖找出其形上思想的基礎，作為莊子生死觀的哲學思想探討。

壹、解讀二則敘述

「死」總是生離死別之情，亦爲人之常情；《莊子》書中則有二則典型的有關「死」的情緒：一是〈至樂〉的「莊子妻死」，一是〈大宗師〉的「孟孫才母死」；常情之夫婦同體，以及母子連心的情，都在莊書的敘述中，化爲昇華；而辯證出「生」和「死」都只是自然現象，用不著悲喜的方式去面對。

莊子妻死，惠子弔之。莊子則方箕踞鼓盆而歌，惠子曰：「與人居長子，老身死，不哭亦足矣；又鼓盆而歌，不亦甚乎？」莊子曰：「不然。是其始死也，我獨何能無概然？察其始而本無生；非徒無生也，而本無形；非徒無形也，而本無氣。雜乎芒芴之間，變而有氣，氣變而有形，形變而有生；今又變而之死，是相與為春秋冬夏四時行也。人且偃然寢於巨室，而我嗷嗷然隨而哭之，自以為不通乎命，故止也。」（〈至樂〉）

在莊子的哲理中，生與死同爲自然現象，就好像春夏秋冬四時運行一般；人「生」的從無到有，人「死」的從有到無，亦都是自然現象的變化。因而，站在宏觀的宇宙變化理路看來，生不足喜，死不足悲。否則就是不知命。

當然，惠子的質疑「與人居長子，老身死」的感性生命，原亦應由感性去回報，亦是人之常情。可是，莊子的擺脫情感生命，而設法將自己安排在宇宙的大化流行中，總亦是發揮道家自然主義，反對人爲做作爲慧命。

顏回問仲尼曰：「孟孫才其母死，哭泣無涕，中心不戚，居喪不哀；無是三者，以善處喪蓋魯國，固有無其實而得其名者乎？回壹怪之。」仲尼曰：「夫孟孫氏盡之矣！進而知矣！唯簡之而不得，夫已有所簡矣。孟孫氏不知所以生，不知所以死；不知就先，不知就後；若化為物，以待其所不知之化已乎？且方將化，惡知不化哉？方將不化，惡知已化哉？吾特與汝其夢未始覺者耶！且彼有駭形而無損心，有旦宅而無情死。孟孫氏特覺，人哭亦哭，是自其所以乃；且也相與吾之耳矣。」（〈大宗師〉）

這裡的確與儒家講的孝道，有相當的一段距離。母死竟然哭而無涕，中心不戚，居喪不哀，如何自圓其爲孝子的身分？同樣，莊子的理解是：只要人有「物化」的境界，就足以瞭解和認同孟孫才的做法。

「有旦宅而無情死」以及「有駭形而無損心」二項，正可以與〈齊物論〉的「以道觀之」以及「用則因是」的二原則，用以指導並實踐人生「與道合一」的理想❷。

「不知所以生」以及「不知所以死」，說明知識的極限，同時界定生死在哲學問題的「何

❷《莊子・齊物論》的原則用「道通爲一」作爲指導原則，而以「用則因是」爲實踐原則，首見王昌祉遺著《諸子的我見》，光啓出版社，民國五十年，第八〇頁。

以」，或是「爲何」的課題。知性的困境，原是道家哲學一直難以解除的難題；其「道通爲一」（〈齊物論〉）的理念，原是以本體的最終實在，來渡化現象界諸種荒謬、矛盾、相反的困境。孟孫才的困境也就在於俗世觀點的實踐，與其所領悟到的生死觀，並不能並存於現實生活中；因而只好隨俗「哭」一場。但這是外表的「哭」，是沒有淚的哭，是心中沒有痛苦感受的哭。同樣，也要依俗居喪守孝，但卻是沒有哀傷的守孝。

比起莊子來，孟孫才實有無可奈何之處。前者的妻死，可以鼓盆而歌；後者的喪母，則需要隨俗的禮儀。二者內心都沒有悲痛，因爲二者都領悟到死生的意義。

貳、「死生為一」的形上基礎

古之真人，不知說生，不知惡死。（〈大宗師〉）

以生為脊，以死為尻；孰知生死存亡之一體者，吾與之友矣！（同上）

以死生為一條。（〈德充符〉）

萬物一府，死生同狀。（〈天地〉）

生也死之徒，死也生之始。（〈知北遊〉）

顯然地，生和死在莊子看來，只是生命中的個別現象；而這些現象之所以被注意，那是因爲人固執著用「差別相」來審斷生和死；致使人「悅生惡死」，甚至「貪生怕死」。莊子是要以整體宇宙的流行來宏觀生死的現象，以「萬物畢同畢異」的知性來統合整體觀的慧心，則有「天地與我並生，萬物與我爲一」（〈齊物論〉）的結論。人與宇宙是「爲一」，不可分；因而，人生的諸般現象，放在宇宙的大化流行中，亦都是圓融和諧的，並沒有現象與現象之間的差別。這也就是「以道觀之」的立場。在「道」的運作下，一切都能「道通爲一」。於是，「生」與「死」的現象，在「道」的形而上觀點下，是沒有分別的，是合一的，是一體的；「死生同狀」「以死生爲一條」的思想基礎，也就在這「以道觀之」的原則下形成。

「以道觀之」開始，到達「道通爲一」的結論，也就是把整體存在都看成一體；因而，道家的這種哲學被稱爲自然主義者；可是這自然主義卻是「汎道主義」，意卽把整體自然都奠基在「道」之上；由「道」來引導自然各種現象，由「道」來創生定死。於是，「道」在《老子》書中的超越性格，到了《莊子》一書，就成了內存的；道內存於萬物之中。這也就是「道在屎溺」的「道無所不在」（〈知北遊〉）的理論❸。

道內存於萬物，也正是道本體的外現；道本體的超越性，落入形相之中，也就是「道生萬物」時，同時又內存於萬物中。萬物的存在由道的創生開始，由道的內存延續，由道的內存而運

❸ 道的「超越」與「內存」理論，分由道家的老子和莊子發揮，參閱拙著《莊子與古希臘哲學中的道》，中華書局，民國七十一年一月三版，第六九頁。

作；萬物由道而來，終需回歸到道；但萬物的運作，亦都由道在引導。

道的運作，原是萬物之有變化，而且趨向著「道」變化的緣由。「道通爲一」原就是道運作的成果。

眞人、至人、神人由於瞭解到「道」的這種特性，因而亦會領悟出「天地與我並生，萬物與我爲一」（〈齊物論〉）的「汎道論」的境界。

只要進入到「汎道論」，也就會領悟出「生死存亡爲一體」，而「不知悅生，不知惡死」，甚至做到「死生不入於心」（〈田子方〉）。

當然，一個人要達到此種境界，是要靠修行的。〈大宗師〉提出了修行的進程，南伯子葵與女偊的對話，就是典型的例子，說明「學道」「得道」的進程爲：外天下→外物→外生→朝徹→見獨→無古今→不死不生。

能「入於不死不生」，也就是達到了「道」的境界，或是神人、至人、眞人的境界。這境界的描述，可以是「上與造物者遊，而下與外死生無終始者爲友」（〈天下〉）。

叁、道旣超越又內存

道家哲學最可貴之處，就是設法定位超越的「道」，以超越的「道體」，落入於萬物之中，而形成內存的道，這也就是「道用」。前者的思想多爲老子《道德經》所揭示，致使整部《道德經》，在知識進路中，都採取「否定之道」（Via negativa）。在這「否定之道」中，「道」的本體無法描述，而形成「道可道，非常道」（《道德經》第一章），以及「道常無名」（同上第三十二章），而只能「字之曰道」（同上第二十五章）。可是，在「道用」中卻能在萬物中彰顯：「道生一，一生二，二生三，三生萬物」（同上第四十二章），「天下萬物生於有，有生於無」（同上第四十章）❹。

「內存之道」表現在「道在萬物」的情形，莊子負起了解釋的任務。其「無所不在」的描述，也許太抽象，因而需要「對話」式的論述來闡明：

東郭子與莊子的對話，完全呈現出理解道的「無所不在」需經具體的萬物來描繪；先是存在於動物世界中的「螻蟻」，繼則存在於植物世界中的「稊稗」，再來是更下一層的物質世界中的「瓦甓」，當對方一直在感嘆道爲何如此下賤時，莊子最後還要以最卑下的「屎溺」，作爲道的處所。（〈知北遊〉）

莊子的這種「道」的落實，或是說，原本超越而高貴的「道」，外顯出來在萬物之中。而人們去瞭解它的方式可以透過動物、植物、礦物等自然事物，亦可以透過人爲的事物。這樣，

---

❹ 道家所定的否定之道，參閱本書第一篇，〈否定詞在道德經中所扮演的角色〉。

「道」的「無所不在」，也就是充塞了天地萬物。事物中沒有東西不是「與道合一」的。「道」的臨在於萬事萬物，也正是「道」的內存性。

「道體」落入到「道用」之中，亦就是「道」的存在是與萬物一體，而引導著天地萬物的動向。萬物由道而生，由道而存在，和道一起存在，到最後還要「回歸」到道處。那就是《道德經》中「歸」概念的用途。無論是「萬物並作，吾以觀復」，或是「夫物芸芸，各復歸其根」（《道德經》第十六章），或是「復歸於嬰兒」，「復歸於無極」，「復歸於樸」（同上第二十八章），亦都是道在引導萬物回歸「道」處的描繪。

原來，「道」的運作是自動自發的，自本自根的；但其影響則是指導萬物去回歸：「人法地，地法天，天法道，道法自然」（同上第二十五章）。

道與萬物的關係，在其「生萬物」以及引導萬物「回歸道」的二層行為看來，是有濃厚的超越意味的。因為「道」作為「生萬物」的原始者、創生者時，或是作為萬物運作、回歸的終極目標時，都有如形成因 (Causa efficiens) 和目的因 (Causa finalis)，多少有點像西洋哲學的「上帝」。可是，就在道的「無所不在」，內存於萬物之中時，則「道」又成了「內存」的，帶有汎神論的意味。

「道」的內存和超越二重性格互存，亦互相彰顯。因而是既超越又內存的。

這二重特性面對著「生死觀」時，就顯得非常凸出。人的生和死，在整體「道」的超越和內存的運作看來，只是諸多現象之一，而且都是完全被「道」所籠罩，所涵蓋。在道之中，死和生是「同狀」的，是「一體」的，是「無分別」的。

成道之人，或是得道之人，亦都應有這種觀瞻：

至人神矣！……乘雲氣，騎日月，而遊乎四海之外；死生無變於己。（〈齊物論〉）

古之真人，不知説生，不知惡死。（〈大宗師〉）

老聃曰：胡不直使彼以死生為一條。（〈德充符〉）

上與造物者遊，而下與外死生無終始者為友。（〈天下〉）

老聃死，秦失弔之……適來，夫子時也；適去，夫子順也。安時而處順，哀樂不能入也。（〈養生主〉）

行事之情，而忘其身，何暇至於悦生而惡死！（〈人間世〉）

唯予與汝知而未嘗死，未嘗生也。（〈至樂〉）

萬物一府，死生同狀。（〈天地〉）

有虞氏死生不入於心。（〈田子方〉）

「生也死之徒，死也生之始。（〈知北遊〉）

這種超越生死的看法，也正是支持著上面所提及的二種典型的描述：無論「莊子妻死」卻「鼓盆而歌」，或是「孟孫才母死」卻「哭泣無涕，中心不戚，居喪不哀」，在這裡都獲得了思想基礎的支持。

肆、人生與道的配合

成道之人，或是得道之人，也就是莊子心目中的至人、神人、眞人，可也不是天生的，亦不是一蹴就成的；而是要經過磨練，經過修習，才能完成。而莊子在這裡提出的方法，就是他的「心齋」和「坐忘」。

「心齋」的描述在〈人間世〉，其結論是「唯道集虛；虛者，心齋也」，而其進行過程則是：「一若志？無聽之以耳，而聽之以心。進一步「無聽之以心，而聽之以氣」……「氣也者，虛而待物者也」。

這樣，「心齋」也正是入於「不思不想」的境界，是斬斷所有「向外」的感官，以及「向內」的心靈的連繫；是「獨立」，但不是「孤獨」，因爲是「獨與天地精神往來」；對人間世的一切都斬斷關係，唯獨與「道」在一起。「心齋」的超越，也就是「與造物者遊」，「與外死生無終始者爲友」；其「消極性」的語詞，「齋」的意義，便是拒絕和人間世的一切打交道。在這裡，同時也說明了「道」在人心的性格；唯有「心無旁鶩」的人，才擁有道在自己心中。「靜心」「虛心」「心齋」在這裡是可以互換的境界。

「坐忘」的功夫，刻劃得更深；那是在〈大宗師〉所討論。論中以顏回與仲尼的對話方式出之。顏回幾次見到老師，都在報告自己在德行上的精進；可是，一次又一次地被老師評爲不及格。最後，顏回終於達到了高標準，而使仲尼也不得不肅然起敬，而說出「丘也請從而後也」。顏回的修成進路是這樣的：先是忘記了「仁義」，然後又忘了「禮樂」，這二者雖獲得老師的肯定，但是卻不及格。最後，顏回提出了「坐忘」，即是「墮肢體，黜聰明，離形去知，同於大通」。

這是斬斷了文化中的仁義和禮樂，到最後連自己的身體、自己的思想都忘記了，而把自己的存在投入消融到大道之中。「自我」已經不存在，存在的只是「道」。

我們在這裡，很不容易理解，爲何道家哲學，要把人的思念或是情緒，看作是得道的阻礙；人豈不是「萬物之靈」❺？在儒家哲學，或是西方的士林哲學看來，人性原是離「天性」最接近的階層；人性的知性和德性的發揮，原是進入「天人合一」境界，所必經之途。但是，道家卻認定人的智慧庸俗，人的道德虛僞；人的知性和德性都有礙於成道；也因此主張人要「離形去知」（《莊子·大宗師》），要「絕聖棄智」（《道德經》第十九章），要把自己的存在都放棄了，

❺「人是萬物之靈」出現在《書經·周書·泰誓》上：「惟天地萬物父母，惟人萬物之靈」。在西方士林哲學追隨著亞里士多德，亦定義人爲「理性動物」(animal rationale)；而對人的本質，則認定爲「靈魂」。中西智慧皆同。

才能夠達到理想的境界；才能夠「與道合一」，才能夠「同於大通」。這種把「小我」存而不論，甚至消除其存在，以完成「大我」的心路歷程，在莊子的「心齋」和「坐忘」中，表露無遺。

這樣，從形上本體的觀點，把「道」本體的超越性，以及它的內存性，作爲統御萬物的最終實在；然後又以這最終實在來保證萬事萬物的正常運作，以避免庸俗的思想和行爲干擾道的行動。這行動原就是道在生化萬物，內存於萬物，指導萬物運作，到最後還要引導萬物回歸道的整體歷程。

站在這種龐大的「道」觀體系來看，一切事物，包含人在內的整個自然現象，都要用「以道觀之」，以及「道通爲一」的觀點來進入；因而，「死」「生」的現象，也就變成完全「順自然」的現象，是諸種現象之一，係是「春夏秋冬」四時的運行一般，不必心存得失，或是喜怒哀樂的情緒來干擾它們的進行。莊子的生死觀，在其整體思想體系中，的確是：生不足喜，死不足悲的。何況，悲喜的情緒，基本上還是有礙於道在自己身上的運作。

伍、生命的喜樂

雖然，面對生死觀時，莊子以「不動心」的情操，來排除「悅生惡死」的情結；而在「以道觀之」的形上觀瞻下，把生和死看成「一條」，看成「同狀」，而至於「死生無變於己」，甚至「死生不入於心」。這些描述多半是在化解人生對死亡的無奈和恐懼；也因此書中特別凸出「莊子妻死」，以及「孟孫才母死」的處理態度和方式。以平常心來看待死亡，原是所有哲學家所倡導和主張的課題；可是，道家在這裡，卻以「虛心」和「吾喪我」(〈齊物論〉)作為面對死亡的際遇，根本入於「不生不死」的境界。「形如槁木，心如死灰」(同上)原是人生面對「道」的運作時，完全把自己託付給「道」的境界。

可是，畢竟「生」和「死」的兩極，都只是人生的兩端，而且亦只有一次的機會。生與死之間的悠長日子，卻是人生所要時刻面對的情境。生命在面對這些情境時，其意義和價值，也是莊子所特別重視的思想重點，還是要確立一種人生觀，來因應「從生到死」的生命歷程。

這也就是莊子切入「生死觀」道途中，對「生命」的喜悅與優遊。其〈逍遙遊〉的整篇描述，亦都在讚嘆生命超越，擺脫人間世束縛，而「上與造物者遊」的生命情調❻。

在這裡，有二則故事可彰顯此種理念：一是「莊子釣於濮水」，一是「渾沌之死」。

「莊子釣於濮水」故事出現在〈秋水〉。故事的起因是楚王派二位使者去請莊子，出來為楚王效命，許以宰相尊位。此時恰好莊子在濮水邊釣魚為樂。他以大廟內所供奉的神龜為喻，問二

---

❻ 有關道家生命情調，可參閱方東美著《原始儒家道家哲學》，黎明，民國七十四年十一月再版，第二四一—二四六頁。

位使者，究竟這死去的龜，甘願在廟中受人崇拜，抑或是拖著尾巴在汚泥中逍遙？當然，使者亦只好承認，那龜必然喜歡自己有生命，而活在水溝中，逍遙自在，而不願死去受人供奉。莊子於是借此回絕了楚王的邀約，而以「往矣！吾將曳尾於塗中」，作爲答覆。

愛生命，尤其是愛無拘無束的自由自在的生活模式，原是道家共有的智慧財產；莊子以龜的譬喻，來詮釋其愛生命，詮釋人間世俗務以及功名利祿的害處；並以之作爲自我抉擇的理論基礎。這也正是其「天下有道，聖人成焉；天下無道，聖人生焉」（〈人間世〉），以及「天下有道，則與物皆昌；天下無道，則修德就閒」（〈天地〉）。莊子生逢戰國亂世，雖曾短期出來爲官，但終究還是過著無官一身輕的逍遙日子。

生命的可貴，活著的意義，也表明在「渾沌之死」的反諷寓言中。這個描述在〈應帝王〉。寓言描述南海之帝儵與北海之帝忽，二人相交甚歡；而每次相會都在中央之帝渾沌處；而渾沌每次都把他們二位奉爲上賓款待。儵和忽二帝依習俗設法回報渾沌之友情，於是設法找出渾沌所缺少的事物，而送給他。一旦他們發現渾沌沒有感官，於是開始每日給後者鑿一孔；當七種官能都齊備時，渾沌便已死去。

報恩卻置恩人於死地，眞是愚行。這裡要凸顯的思維，也正是渾沌，因爲沒有官能而無牽掛拖累，是自由自在的生命；而儵和忽卻以庸俗之見，給渾沌鑿開七孔，反而害了渾沌。

渾沌之死，失去了享受生命自由的樂趣，當然亦同時失去了接待朋友之喜樂。生存與友情的結合，原亦是生命情調的發揮；進而，無拘無束的生命，才是莊子生命哲學的重心；把生命加上了束縛，也就是扼殺了生命。渾沌之死，諷刺著當時對名利追逐的政治社會現象。道家的出世精神，以及其自然主義，不要過分的人文做作，原就是莊子對生命情調的要求。

莊子生命情調的進一步發展，就不再停留在消極的「不悅生，不惡死」，或是擺脫人間世對名利的追求；而是進一層提升超越的生命。〈逍遙遊〉中的大鵬鳥，是要一飛衝天，摶扶搖而上者九萬里，「絕雲氣，負青天」的豪氣，才是超升的象徵。〈秋水〉中的河伯，能夠乘著秋水的泛濫，而向東航行入於海，而與無邊際的海神交往，瞭解到從有限走向無限的樂趣。原來，莊子超越的心靈是要「上與造物者遊，而下與外死生無終始者為友」。這種超越時間和空間的無限和永恆的境界，本就是「道」的住所，而亦就是莊子用寓言要達到的境界[7]。在這境界中，超越的心靈與道合一，而超越了自身時空的限制，而進入永恆和無限。當然，在這境界中，由於「道」的臨在，人性就進入到「不生不死」的境界；亦即「死生無變於己」的境界。

莊子理想人性的至人、神人、眞人的許多描繪，亦就都向著這「深」和「遠」的目標，亦都是向著「無限」和「永恆」發展的進程，而最終達到「與道合一」的理想人性。

[7] 同上，第二四二頁。

結語

上面用了近萬字的篇幅，分論了莊子對生死事件的觀點，而且亦擴充到莊子對生命情調的見解，甚至找尋出其從生到死，以及生時死後的理論基礎。在「以道觀之」的大宇宙宏觀下，生和死的現象實在不足以使生者悲或喜，而人生問題中切要關懷的，乃是人生如何能與道結合，而順自然地活下去，優遊自在地活下去；不要固執著「悅生惡死」，同時亦不必「喜生悲死」；把生死都看成道的整體運作的部分。只要人與道合一，人生無論始點的生，或是終點的死，或是從生到死的生命過程，都會以「道」的運作爲基準，而不執著自己的意見。這樣，才眞正達到「天地與我並生，萬物與我爲一」的圓融境界。

在生命的逍遙境界中，人的心靈是與道合一的，是自由自在的；當然，爲了要達到這境界，修練還是成了必修的課題，「心齋」和「坐忘」的消極方法，卻的確也能使人擺脫俗念，而將心靈的思念導向神聖。這消極的忘我工夫，在積極面的效應是：與道合一，瞭解到「天地與我並生，萬物與我爲一」，而且進入到「與造物者遊」的境界。

當然，「莊子釣於濮水」故事中，對「生」的嚮往，固有其正面的意義，可是，〈至樂〉「髑髏之喩」，則似乎在「已死」的際遇中，不肯「還魂」，而受「生命之累」。究竟「生活下去」好？還是「死去」更好？或是，「既死，何必要復生？」

這些問題，都開始超越本論文探討的對象，只好留待有機會再行研究。

道家生命哲學的歷史演變[1]

緒論

在中國人的生命觀感中，能夠看得開得失，能夠心如止水，能夠把生命寄情於山水間，因而擺脫許多人間世的煩惱，甚至能苦中作樂，大都歸功於道家的修心養性的工夫。本文試著透過學術的思維，把這種生命情調的形而上基礎確立起來；而所採取的進路則是「歷史發展」，從時間的先後來探討從老子經莊子到列子的思想進程，並從中揭發道家生命意義的內涵；無論在理論的鋪呈上，或是在實用的層面上，設法瞭解道家對生命的把握及尊重。

和哲學的其它學派一般，道家哲學在歷史發展的進路中，亦有脈絡可尋；老子《道德經》短

---

❶ 本論文是筆者繼〈原始道家哲學「生」概念之詮釋〉一文（宣讀於國際方東美哲學研討會，民國七十六年八月十六—十八日，臺北；參見本書第四篇）之延續和加深。

短的五千言，當然無法道盡生命的意義，何況其寫作的主題多在形上意義內，尋找「道」的奧祕，而設法在「德」的表象上來彰顯道的特性。「生命」在《道德經》整個體系中，並不是核心的課題；而是用來形容道與世界的依存關係。到了莊子的《南華眞經》，無論在篇幅上，或是文學的寓言開展上，都數十倍於老子《道德經》，因而對「生命」的理解和討論，也就有了進一步的發揮。尤其是人的生命情調，在莊子筆下，畢竟是從宇宙生命大洪流中，抽離出個人獨立性的生命關懷；其至人、眞人、神人的描繪，也的確提升了人性生命的層次。列子的《冲虛至德眞經》，果然從抽象的生命理解，落實到生活，以具體的不朽生命，作爲人生的楷模。雖然，列子書中的神仙思想描述，引發了後來的煉丹、算命、讖緯等思想，而把精神生命俗化，變爲追求長生不老的肉體生命；但是，道家的生命概念在積極方面的貢獻，仍是不可埋沒的。尤其是其「生」概念的融通道與世界的關係，其「生命」概念連結道與人生的努力，其「生活」概念，提升人性於精神境界，而超乎物質束縛的修練，仍然是道家哲學的精華。今就分別探討老子、莊子、列子的思想，以及三者之間的思想發展情形。

壹、老子的生命哲學

從《道德經》的深奧內涵中，我們可以分兩個面向來探討老子的生命哲學：一是他的生活智慧，另一個是這生活智慧的形上基礎。

一、先說他的生活智慧

如果從《道德經》五千言的字面意義上看，無論是「貴生」（第七十五章），「長生久視之道」（第五十九章），或者是「人之生也柔弱」（第七十六章），「出生入死」（第五十章）等含有「生」概念的篇章來看，都不容易統合出其生命哲學對生活智慧的濃縮。研究《道德經》者，一定先要瞭解老子對「否定詞」的用法，因爲《道德經》五千言，竟有五百四十五詞次的否定詞；從比較輕微的「小」「柔」「弱」「寡」「希」等，進而發展到「莫」「非」「不」「外」「絕」「棄」等的運用，一直到當作名詞用的「無」，共有六十四個不同等級、意義有差等的否定詞。其中單是一個「不」字，就出現二百三十七次，其中就是「無」概念，出現九十八次❷。從「無」落實到「無爲」，也就正是老子做人處事的方式，也是他生活的智慧。從「無爲」的總綱，可以導引出各篇章中所有否定詞的運用：因爲「無爲」，所以要「絕聖棄智」，要「絕仁棄義」，要「絕巧棄利」（第十九章）；因爲「無爲」，所以要「不尙賢」，要「不貴難得之貨」，要「不見可欲」（第三章）；因爲「無爲」，所以才「民至老死，不相往來」（第八十章）等等。

❷ 參閱本書第一篇，〈否定詞在道德經中所扮演的角色〉。

「無為」成了老子生活智慧的高峯，從這高峯，派生出所有否定詞的用法。可是，「無為」並非什麼事情都不做，而是利用高深的修為，其結果則是「無為而無不為」（第四十八章），落實到政治社會時，則是「為無為，則無不治」（第三章）。

生活智慧的「無為」也正是知道進退，以及由之而獲得的益處，就如「吾是以知無為之有益」，「無為之益，天下希及之」（第四十三章），「是以聖人無為故無敗」（第六十四章）。

二、形上基礎

「無為而無不為」（第四十八章）的主詞，突現在「道常無為而無不為」（第三十七章）。在「人法地，地法天，天法道」（第二十五章）的序列中，道的無為，也正是人要無為的理由。但是，道的無為也還止於行為上，老子更在本體的層面，把「道」和「無」等同起來：「無」成了道體，「無為」只是道用。「道」與「無」的等同，出現在下列二重的關係上：

道生一，一生二，二生三，三生萬物。（第四十二章）

天下萬物生於有，有生於無。（第四十章）

顯然的，上面二章都是在指出「道」與「萬物」的關係。河上公注：「萬物皆從天地生，天地有形位，故言生於有也。天地神明……皆由道生；道無形，故言生於無。……道始所生者一，一生陰與陽也；陰陽生和氣濁三氣，分為天地人也；天地共生萬物也。」河上公把「無」與

「道」等同的理由，在於「道無形」，而並沒有把「無」的實體性揭示。

王弼的注是「有之所始，以無為本；將欲全有，必反於無也。」這裡雖然沒有明顯指出「無」的特性，可就比河上公的注更具本體意義了。如果我們再參考「無，名天地之始；有，名萬物之母。故常無，欲以觀其妙；常有，欲以觀其徼」(第一章)，則更容易推論出「無」是道體的奧祕。

因為道體是「無」，其道用則順著是「無為」，而人要效法道，也就順理成章地採取「無為」，作為回歸道的方案了。

不過，從道體的「無」，導引出「無為」，也只是實踐哲學的進路，並沒有完整地進入到形而上本體的課題。形上意義的「道」與「萬物」的關係，在於「生」概念。無論是「道生一，一生二，二生三，三生萬物」(第四十二章)所敍述的「道生萬物」的過程，亦無論「天下萬物生於有，有生於無」(第四十章)的萬物起源論，其核心的概念都是「生」。

但是，前面所引述的二位著名的《道德經》注釋家，所注的內容，皆在「有」「無」二概念上打轉，而沒有對「生」概念作注。

倒是當代研究老子的學者，注意到「生」概念的重要性；而且亦設法以整體《道德經》的思想脈絡，來解釋「生」的意義，認為「這個『生』，並不是母子的關係；並不像一般動物，由母體產生另外一個全然獨立的子體。那末，『生』是什麼意思呢？我們知道宇宙萬物是萬象森然，清晰有別的；而道卻是恍惚混沌無分別的。……但道的這種混沌狀態是可以打破的；它可以因『道』的運動演變，而顯現出種種狀象來；等到狀象畢露時，那就宇宙萬物一一可辨。」❸

其實，這種對「生」概念的意見，亦只是解釋「道與世界」的同異關係，以及共存的特性。因而把「生」看成「化」，而即是把「道」的自我顯化，就成了萬物；萬物在這種情形看來，就是「道」的呈現。

在生命哲學的觀點來看，「生」將有更深遠的意義，卽是「生」的母體與所「生」的子體，雖然不分開，但還是「同質」的。這「同質」的意義擴展開來，就有相當廣泛的理解。首先就是「道」本身，既有「生」萬物的能力，當然就富有「生命」，這「道」的生命體所「生」出來的萬物，也同樣是有生命的，是活生生的。這種生命觀雖可能有「物活觀」(Hylezoism)之嫌，可是卻是《道德經》對「道」和「世界」的眞正理解。

這種宇宙萬物都是「生生不息」的理解，原是中國古代哲學的原始發明，也是儒家和道家共同擁有的思想淵源，以及共同智慧。

「道」本身的生生不息，以及「生萬物」，而萬物也分受這生命而生生不息。這也就是「生」概念的原義，以及後來道家發展生命哲學的形上基礎。

---

❸ 張起鈞著《老子哲學》，臺北，正中書局，民國六十八年五月八版，第四頁。

貳、莊子的生命情調

莊子《南華眞經》內「生」概念出現了二百五十一詞次，其中大部分是探討生命的意義，以及提升生命境界的描繪。如果說老子慣用「獨白」的方式，講述宇宙和人生的奧祕，則莊子就喜歡用「寓言」來表現生命情調。莊子的寓言所指向的，一方面是生命情調的「天地與我並生，萬物與我爲一」（〈齊物論〉），以及「與造物者遊」（〈天下〉）的境界；另一方面則是「用則因是」（〈齊物論〉）的原則。

一、生命境界

把生命看成與天地萬物一體，人與宇宙活同樣的一個生命，這就是「天地與我並生，萬物與我爲一」。在生命的感受中，自覺出自身的生命和天地共久長，且與萬物一體。這其中理由，原就是宇宙和人生的所有差別相，在「道」的運作中，都是一體不分的，那就是「道通爲一」（〈齊物論〉）。「道」是人生以及天地萬物共生共存的最後基礎。人間世雖存有許多荒謬、矛盾、對立、相反、衝突，但是，在「道」的運作中，都能化解。當然，這「道」的運作，仍然攝取了老子「生生」的道體，是「道生萬物」的思想延伸。

當代哲學注釋莊子的「天地與我並生，萬物與我爲一」以及「與造物者遊」的意境時，是用「這個人有一種同宇宙相契合的能力；把個人的精神可以化除掉，而投入宇宙裡面的造物主。然後每個人在精神上變做造物主的化身。」❹

在莊子「寓言」的運用中，個人精神要到達這層境界是需要像大鵬，一飛沖天，逍遙於六合之外(〈逍遙遊〉)，又如河伯和海若的對話，展示出海的廣大無邊(〈秋水〉)。這種至高至大的瞭解，並非俗世之子可以達到的，而是需要心齋、坐忘等功夫❺，把自身的存在忘記，只讓道的存在彰顯，而且只讓道單獨地在人身上運作(〈人間世〉、〈大宗師〉)。這種把自己的存在遺忘，而唯有「道」在自身運作的人，也就是至人、神人、眞人、聖人(〈逍遙遊〉)。正是因爲「至人無己，神人無功，聖人無名」(同上)。

❹ 方東美著《原始儒家道家哲學》，臺北，黎明文化事業公司，民國七十四年十一月再版，第二五八頁。

❺ 《莊子．人間世》：「回曰：『敢問心齋。』仲尼曰：『若一志，無聽之以耳，而聽之以心；無聽之以心，而聽之以氣。聽止於耳，心止於符；氣也者虛而待物者也。唯道集虛，虛者心齋也。』」《莊子．大宗師》：「顏回曰：『回益矣！』仲尼曰：『何謂也？』曰：『回忘仁義矣！』曰：『可矣，猶未也。』他日復見，曰：『回益矣！』曰：『何謂也？』曰：『回忘禮樂矣！』曰：『可矣，猶未也。』他日復見，曰：『回益矣！』曰：『何謂也？』曰：『回坐忘矣！』仲尼蹴然曰：『何謂坐忘？』顏回曰：『墮四肢，黜聰明，離形去知，同於大通，此謂坐忘。』」

二、具體原則

前面的「道通爲一」是莊子生命哲學的指導原則；其理想是至高無上的，整個宇宙和人生都由「道」來領導運作，於是人性變成與造物者遊，且與道合成一體。但是，在實際人生中則不然（莊子處在戰國社會失調、諸侯爭霸的時代），於是除了在〈齊物論〉中非常深奧地指出「因非因是」以及「因是因非」反覆辯論之外，就是直截了當地提出：「天下有道，聖人成焉；天下無道，聖人生焉」（〈人間世〉）的實踐原則，來緩和指導原則的嚴格性。

「天下無道，聖人生焉」的「生」概念，也就是莊子對生命瞭解，以及對生活提升的意見。莊子生平中曾經爲仕，做過漆園吏，表示他亦和其他仁人志士一般，希望以入世的作法，來整頓社會秩序。但是，當他直覺到無能爲力之後，也同樣以避世的方式，求得「聖人生焉」的清靜。那就是「釣於濮水」的故事（〈秋水〉）❻，就硬是不接受楚王的邀請，出來爲官。這種逍遙於江湖的生活情調，雖然會被認爲不夠入世；但是，道家在「道通爲一」的指導原則下，卻另在修

---

❻《莊子・秋水》：「莊子釣於濮水，楚王使大夫二人往先焉。曰：『願以境內累矣！』莊子持竿不顧，曰：『吾聞楚有神龜，死已三千歲矣，王巾笥而藏之廟堂之上。此龜者，寧其死爲留骨而貴乎？寧其生而曳尾於塗中乎？』二大夫曰：『寧生而曳尾塗中。』莊子曰：『往矣！吾將曳尾於塗中。』」

身層面廣爲深入，也即是莊子的「心齋」「坐忘」等工夫所修得的境界。眞的，俗世的想法和做法，在莊子智慧的衡量下，都將與道的無爲性格相衝突；而唯有至人、神人、聖人、眞人才眞正瞭解到道的作爲，並且與道合一。這是「與造物者遊」的境界。

這裡，不出來爲官，而採取沒有「人際關係」的生活，固然是「獨」；但這「獨」不是「孤獨」，而是「獨與天地精神往來」（〈天下〉），而是「上與造物者遊，而下與外死生無終始者爲友」（同上）。這也就是不與世俗同流合污，能夠擺脫俗世的各種誘惑，只與志同道合者交友；而這些志同道合者，亦都是至人、眞人。

《莊子》書中，也許由於非常強調「超越」的精神，而在描述個人擺脫物質束縛時，未免引用了一些「超然的能力」來形容眞人：像「入水不濡，入火不熱」（〈大宗師〉），像「其神經乎大山而無介，入乎淵泉而不濡」（〈田子方〉），像「得之也生，失之也死；得之也死，失之也生」（〈徐無鬼〉）。這些思想，不能不說從莊子開始，就逐漸從生命情調墮入到生活層面，而且懷有類似於神仙思想的桎梏中。

叁、列子的生活智慧

生命哲學在《沖虛至德眞經》裡，重點放在解脫人間世的物質束縛上。列子在敘述華胥氏之國，以及列姑射山（〈黃帝〉）❼的情境中，人性已經擺脫了肉體的束縛，而以純精神的姿態出現；全然不必受肉體各種需要的限制，變成神仙。在列子看來，利用道家的修練方法，可以達到神仙的境界，而生活在超乎物理、超乎生理的各項原理之上。

這樣，在道家生命哲學歷史發展的脈絡中，老子注重並發揮了宇宙整體生命的生生不息的運作，而莊子則在提升人性生命境界中著眼，而發展生命情調，去除人間世的生命矛盾、荒謬、無奈。到了列子，則更落實到生活層面，用最具體的描繪，把神仙生活的景況，直接敍明。因此，列子的人間世生活委實已經不是活在人間世，而是活在理想的仙境中。列子把人生安排在仙界，是徹底地擺脫塵世各種煩惱的根本方法。

莊子的生命情調雖然很高，可是總還生活在人間世，一直需要「道通爲一」的指導原則來支

---

❼《列子．黃帝》：「華胥氏之國，在弇州之西，台州之北，不知斯齊國幾千萬里；皆非舟車足力之所及，神遊而已。其國無師長，自然而已。其民無嗜慾，自然而已。不知樂生，不知惡死，故無夭殤。不知親己，不知疏物，故無愛憎。不知背逆，不知向順，故無利害。都無所愛惜，都無所畏忌。入水不溺，入火不熱；斫撻無傷痛，指擿無痟癢，乘空如履實，寢虛若處牀，雲霧不硋其視，雷霆不亂其聽，美惡不滑其心，山谷不躓其步，神行而已。」

「列姑射山在海河洲中，山上有神人焉，吸風飲露，不食五穀，心如淵泉，形如處女；不偎不愛，仙聖爲之臣。不畏不怒，原愨爲之使。不施不惠，而物自足。不聚不斂，而已無愆。陰陽常調，日月常明，四時常若，風雨常均，字育常時，年穀常豐，而土無札傷，人無夭惡，物無疵厲，鬼無靈響焉。」

持，同時亦不斷地使用「用則因是」的實踐原理來完成，以期達到「天地與我並生，萬物與我爲一」，以及「與造物者遊」的境界；其間所修練的「心齋」「坐忘」，都不是凡人容易達到的；其眞人、神人、至人也不是一般庸俗之子所可望塵的。

可是，到了列子，似乎人性的各層困境全部已經清除，已經抵達了神仙的境界。在華胥氏之國及列姑射山之中，人已經不是活人的生命，而是活神仙的生命。

老子所展示的「道」的生命，運用在《列子》書中，就成了神仙的生命。

從莊子的精神不朽，到列子的肉體不朽，也就成爲道家不朽哲學的思想發展進程；再發展到魏晉的葛洪，其《抱朴子》的內容，已經滿載了煉丹的方案，提供人們修成神仙的具體方法。

在另一方面，老子「生生」的宇宙論，演變到列子的宇宙生成論時，也有庸俗化的現象，就如〈天瑞〉篇中所說的：「久竹生青寧，青寧生程，程生馬，馬生人。人久入於機；萬物皆出於機，皆入於機。」老子原先的「道生萬物」的形而上理論，到了列子，就成了「生」的演化理論，而缺少了形上義，變成庸俗化的演化推演。這種庸俗化的過程，不但以肉體的不死來取代精神的不朽，而且還遠離了莊子的生命情調，墮入到禍福得失之心靈束縛中。〈力命〉篇中所說的：「可以生而生，天福也；可以死而死，天福也。可以生而不生，天罰也；可以死而不死，天罰也。可以生，可以死，得生得死，有矣。」也正是這層思想。

因爲禍福得失之心無法去除，因而也墮入到對命運的無奈，而擺脫不了現象界的困境。〈說符〉篇的一段話，正可以展示這層意義。列子說：「天地萬物，與我並生類也。類無貴賤，徒以大小智力而相制，迭相食，然相爲而生之，人取可食者而食之，豈天本爲人生之。且蚊蚋噆膚，虎狼食肉，非天本爲蚊蚋生人，虎狼生肉也哉？」這種迷惑在弱肉強食的描述，雖抱持著存疑的態度，但仍然沒有使精神超脫；因而，列子的生活智慧，在道家從老子開創、莊子發揚看來，總是後退的，沒有積極的提升作用。他的神仙生活的嚮往，亦多在敍述神仙境界，而並沒有推出走向神仙的道途。這種思想的缺陷，應該是道家發展到《抱朴子》之後，一心一意追求肉體不朽中暴露出來。《抱朴子》（葛洪）的煉丹，也就顯示了道家墮入肉體生命的追求的情形。

原來，在瞭解老子生命哲學的進程中，老子所強調的，不但是「道生萬物」單方向的發展；而且亦設計了萬物「回歸道」的運作。「歸」概念加上「復」概念，完全可以掌握「萬物回歸道」的描述❽。就在這層意義上看，列子並沒有引導萬物回歸道，而反而是把萬物的精神推向物質，把人的靈性生命轉變成肉體生命了。在肉體生命的伸延，變成神仙狀態時，並非人性回歸道，而是以肉體不朽來展示人性生命。

比以肉體代替精神更等而下之的，就是神仙家的思想落實到政治社會時，攀弄權術，去把持別人的生命和生活。「神仙家本來是要把握自己的生命，但在遷就生活之後，結果不再把握自

❽同❶，第六七頁。引《道德經》第十六章：「致虛極，守靜篤，萬物並作，吾以觀復。夫物芸芸，各復歸其根，歸根曰靜，是爲復命。」

己，卻轉變過來，把握別人的生命。這樣一來就講到權、術、勢。以致於神仙家的思想很容易同法家的思想結合起來。這樣一來，到了秦漢之際的時候，道家就不再是哲學的智慧，卽變成什麼呢？在秦漢之際叫『黃老之術』，在漢代叫『黃生之學』。自從黃老之術侵入到道家思想裡面，就腐蝕了道家高尙的哲學智慧。」❾

列子之後道家思想的沒落，的確是哲學智慧的憾事。

結語

上面用分段的方式，順著時間的順序，或更好說，順著生命哲學意義的順序，探討了老子、莊子、列子的思想發展進程。其中我們採取了老子的宇宙「生命」看法，作爲道家原始意義中，對「生命」的深度觀察，而獲致了宇宙整體生命的認知智慧；然後我們又在《莊子》書中，找到生命情調的發揮，以他的「道通爲一」以及「用則因是」的兩項原則，來落實生命於生活中。然而，「道通爲一」的生命情調，不但表現在圓融宇宙大化流行，而且亦提升了個人「與造物者遊」的境界。這「與造物者遊」落實到通俗和庸俗的理解中，就形成了列子對神仙生活的嚮往。

❾同❹，第一七八頁。

神仙生活本來是可以突現莊子的生命情調的高峯，也可以是莊子的眞人、至人、神人的描繪。但是，可惜的是，列子並沒有往這方面去發展，反而從神仙思想變成追求肉體生命的進路。當肉體生命再落實到政治社會時，就變成「黃老之術」，而被法家的「術」所利用，落入庸俗的思想領域，失去了哲學慧命。

本論文的思想進程如上述，但在基本上，老、莊、列三家，都有宇宙「生生不息」的理念，同時亦擁有生命情調，以及生活智慧。我們之所以把三種不同的智慧寫給不同的三位，主要的是行文的方便；其次，就以《老子》、《莊子》、《列子》三書的基本內容看來，還是可以用上列的分法，來注釋他們三位哲人的思想重心的。

生的原理、生命哲學、生活智慧三者之間，原是分不開的；三者都在展示「生」的奧祕；而人生的全部過程，也恰好就在分受「生」的原理中，度一個有理性的生活，提升自己的生命；理解到自身生命如何「源」自道，而終結仍然「歸」於道。「源自道」的理解，可從《道德經》獲得足夠的啓示；而「歸於道」則是生命情調的提升，需要達到「與造物者遊」的境界，在這境界中，人就變成至人、神人、眞人；甚至連帶的也可稱爲神仙，因爲它已完全解脫物質世界的束縛。

當然，就生命積極參與及發展看來，道家的整體智慧固然發揮了獨善其身的極致，但總未免忽視了「人際關係」的愛與關懷。後者的愛與關懷，也才眞正把生命發揮出來，使人的生命不但能獨善其身，而且能進一步兼善天下，這兼善天下的理論，無論在中國的儒家，或是西方發展的基督宗教，都有了比較圓滿的解答。「民至老死，不相往來」（《道德經》第八十章）的說法，對社會發展是沒有積極貢獻的。

若以孟子對「人」的界定來說，缺少人際關係的「父子有親，君臣有義，夫婦有別，長幼有序，朋友有信」（《孟子・滕文公上》），就和禽獸沒有分別；若以基督「愛人」的誡命中，沒有「如汝曹彼此相愛，人將因此認識汝為我徒」（〈約・十三・35〉），就不算是基督徒的話，則道家的不重人際關係，似乎就不是很完美的生命哲學。

道家與現代人的科技發展

壹、道家的思想體系

道家哲學就其爲「哲學」而言，是定位宇宙；然後在宇宙中安排人生。就其爲「道家」而言，其宇宙的定位是在「自然」與「無爲」的二大概念中落實；而人生在自然與無爲的宇宙中，也應該效法道的自然與無爲，度一個「與道合一」的生活。或者，更進一層，人生根本就不要執著要過如何的生活，而是在自然無爲之中，讓「道」在自己生命中運作，而把自己消融在「道」之中。

中國哲學在春秋時代就已興盛，當時有開創儒家的孔子，同時（或更早）有開創道家的老子。在人生哲學的課題上，老子分擔了一個人生存在天和地之間，如何頂天立地的責任，是獨善其身的智慧處理，是個別的人獨立性以及個別性的完美課題；而孔子則專注於一個人生活在人與人之間，如何出人頭地的寄望，是兼善天下的想法和做法，是個人的群體性以及社會性的完善課題。老子和孔子分工合作地替中國人開創了人生的道途。

我們在這裡委實不應該，同時亦不必，何況亦不能評定孔子和老子的高下。他們二人對中華文化，對中國哲學，對中國人生問題都提供了不朽的見解。

老子定位宇宙的手法，當然有人設法去瞭解其《道德經》的核心概念——「道」。可是，老子在《道德經》第一章就說明了「道可道，非常道」。把「道」當作一個概念，或是一個本體來探討時，就會遇到這「非常道」的困境。

《道德經》第十四章，更說明了感官作用是達不到「道」的：「視之不見，名曰夷；聽之不聞，名曰希；搏之不得，名曰微。」

要瞭解「道」是要在道的運作中去窺探。道的運作是什麼呢？老子認為：宇宙間萬事萬物最特出的事，同時最能表現「道」的性格的，就是「生」；宇宙的整體是「生生不息」的：

道生一，一生二，二生三，三生萬物。（第四十二章）

天下萬物生於有，有生於無。（第四十章）

道的顯化是透過「生」的行為，而「生」的成果則是萬物。因此，道本身的普遍性，不可知、不可道、不可見，而透過萬物也就成為可知、可道、可見的。但是，這些知識的肯定，基本上並沒有完全把握住「道」的特性。因為「道」的外顯和落實，是道「降凡」到人間世，是道降臨在事物的各層次中（莊子的「道在屎溺」就是最佳的瞭解）；但是，這道的外顯並非最終的目的，因爲「道」除了「生」萬物之外，它還要引導萬物「回歸」到道處。萬物回歸道，才是宇宙動態的目的，也是宇宙存在的目的。老子對宇宙的定位，一方面在「道生萬物」，另方面就是「萬物回歸道」。請看：

萬物並作，吾心觀復；夫物芸芸，各復歸其根。（第十六章）

復歸於無物。（第十四章）

復歸於無極。（第二十八章）

復歸於樸。（第二十八章）

從前面的「生」和「歸」二概念，我們可以瞭解到老子對宇宙的瞭解是：

㈠宇宙的整體性：萬事萬物雖呈現出多樣性，但是，都是由一個「道」所生；而且，萬物終歸還是要回歸到道處。因此，站在「道」的立場看，宇宙是一整體。（《莊子・齊物論》中的「道通爲一」的原則，是對這方面的深度理解。）

㈡宇宙的生命性：宇宙是動態的，從不斷的「生」與不斷地回「歸」，顯示出宇宙的生命；而這「生命」則是道的生命，萬物是藉著「道」而擁有生命的。

㈢道的運作：無論宇宙的存在，或是其變化，或是其回歸道，這些行爲和活動都是「道」在主導。而其所主導的行爲首由「生」開始，繼由「歸」結束。

前面的定位宇宙，雖說是老子的智慧，也是《道德經》對宇宙的基本理解，但這種智慧和理解，後來成了道家的共識。宇宙的整體性，宇宙的生命性，道的運作，於是成了道家對定位宇宙的通性。

哲學下一步的探討，也就是在定位宇宙之後，如何在宇宙中安排人生的問題。

在這問題上也就促成了道家往後的發展：老子的自然無爲的人生理論，以及他自己的出關避世，形成了特有的生命智慧；而莊子繼續老子的人生態度，發展出更實際的人生際遇；到了列子，其神仙的企求，更開展了中國人對長生不老的寄望。甚至，如果我們再進一層去瞭解葛洪的《抱朴子》或是《神仙傳》，甚至儒家亦嚮往的，陶淵明的〈桃花源記〉，都可以曉得道家在安排人生時，所開展的生命哲學以及人生哲學。

㈠老子的人生原理，在其宇宙的「生」和「歸」二概念中，本已蘊含，說得清楚一點是：「人法地，地法天，天法道，道法自然。」（第二十五章）

「法」是效法的意思。人生要效法的，由具體而抽象，由近及遠，最終是要效法「道」。哲學的推論不可以無限後退，必然問及「道法什麼呢？」老子的回答就是「道法自然。」河上公注：「道性自然，無所法也。」吳澄注：「道之所以大，以其自然，故曰法自然。非道之外別有自然也。」

「道法自然」的另一種表出是：「道常無爲而無不爲」（第三十七章），王弼注「無爲」即是「順自然也」。「無不爲」也卽是「不妄爲」；引伸出來的意義也就是在人的行爲中，要效法道的順自然，而不由自己的私見任意妄爲。到最後，是由道去運作，而沒有人爲的成分；這才完成「道」的「生」與「歸」，形成「宇宙與道合一」，再而形成人的「與道合一」。

(二)莊子一方面在宇宙萬象中，體認出各種對立、矛盾、荒謬，尤其在人生體認中，發現幾許無奈，於是在哲學體系中，提出了指導原則的「道通爲一」（〈齊物論〉），在瞭解到「道」的運作之後，也就會提升自己的存在，進而更瞭解到「天地與我並生，萬物與我爲一」（同上）。人生在世，該像太空人，超升自己到高空中，來俯視世界；〈逍遙遊〉與〈秋水〉兩篇，都能夠把人的精神，提升到高處，一方面「與造物者遊」，另方面在具體生活中，用實踐原則的「用則因是」去瞭解。

莊子在修養工夫中，無論「心齋」或「坐忘」，都是要人放棄自己的私意私見，而讓「道」在吾人內心中運作。在一個人到達了「坐忘」的工夫之後，也就眞的變成了至人、神人、聖人，因爲他與道合一了。

天下有道，聖人成焉；天下無道，聖人生焉。（〈人間世〉）

天下有道，則與物皆昌；天下無道，則修德就閒。（〈天地〉）

這也就是莊子的「有所爲」以及「有所不爲」的原則。在這種原則中，他可以出來爲官，他也可以在「釣於濮水」時，對楚國二大夫說出非常有智慧的寓言故事。

㈢列子的修身，似乎從精神的層面擴展到了肉體部分，而是達到神仙的境界。他的華胥氏之國，以及列姑射山裡所描寫的神仙，已經可以完全不受物質世界的束縛；尤其是最後是長生不老，不受「死亡」的約束。人生在世最大的恐懼莫過於死亡，跳越死亡原是全人類的寄望。道家開創的神仙說，雖充斥了不少迷信的成分（後來的道教以及讖緯之說，也就局限在煉丹、畫符之中，忘記了修身的道德進路），但對於超越物質，或超越肉體的努力，卻是值得肯定的。

在人生的安排上，道家的學說至少有下列數點可以肯定：

㈠人要效法道，回歸道，與道合一。

㈡因為道的無為和自然，因而人生亦要無為與自然。

㈢道與物和諧並存，因而人與物也要和諧共存；人生在世不應有對立、矛盾、荒謬的感受，要體認出「道通為一」的原理原則。

㈣人在宇宙間要「自由」和「自在」，才算與道合一的成果。

㈤到達「與道合一」的道途：有向上之道與向下之道。向上之道從靜心觀察事物，瞭解其寧靜、自然、無為；向下之道則是回歸內心，修練心齋、坐忘。擺脫所有爭名奪利、爭權奪位的束縛。

㈥神仙的成果有最好，沒有也無關緊要，反正萬物都要回歸道，只要人與道合一，其成果的自然與無為的呈現就不一定非長生不老不可。

貳、科技的本質與誤解

前面中華民族道家智慧的「自然」，無論是「道法自然」用的動詞意義的「自然而然」、「自動自發」、「不假他力」的情形，或是發展到當代的「自然」、「自然界」、「自然現象」、「自然律」，全部的意義都在與「人爲」對立。道家的主張無爲、自然，也正是反對「人爲」。西洋「人爲」概念最終落實到「理性」概念中。這「理性」的作用就是要重組「自然」，使自然合乎「人爲」。

這種看法至少有兩個設定：一個是「人是世界的主人」，因而，整個世界的存在都在爲了人；但是，世界的自然秩序並沒有符合人的意願，因而，世界必須由人的「理性」來重新組合。二個是世界的自然次序未儘完備，需要人的「理性」來美化。無論是古希臘柏拉圖的宇宙架構，或者是希伯來創世紀的記述，都把「人」的臨在，作爲物質世界完美的象徵。中世在融洽了希臘和希伯來的文化之後，「人」是世界的主人，便成了信條；進而導引出「人定勝天」的信念；再進一層，就是肆無忌憚地發展自然科學，駕御物質世界，無限制地利用自然資源，供人們享受。「人是世界的主人」信念，是所有科學家深信不疑的定律，也是人類一直把世界看成是自己的所有，而無限制地破壞自然、破壞環境。

有；在這種情況下，科技的意義，最少有下列各點特性，提供給我們去瞭解：

一、科技是人類用理性去重組自然

當人類出現在自然界時，「環境」的意義就有了非常大的轉變：首先，自然界的礦物，像石頭、泥沙、土壤等等，所形成的環境，以及屈服在環境之下的情形，呈現出死沈沈的世界。目前仍有不少的星球，上面沒有生命，一切都是死寂的；除了自身的運轉之外，沒有什麼「生動」的表象。可是，當地球進化到從礦物中生出了生物之後，精神就大爲改觀；因爲，植物透過生命，有了自身的新陳代謝作用，同時能藉自己的生命力，克服環境。我們經常可以見到不少在非常困難的條件下，成長的植物。它們在陽光、空氣、水的需求下，發榮滋長，不但展現了非常奇特的生命力，而且還透過出生，傳宗接代，綿延不斷。

地球的成長雖然非常緩慢，但總亦有變化的軌跡可尋，從植物到動物，又是一番突破性的發展。動物不但有植物適應環境的能力，而且還有選擇環境的本事，我們只要看過螞蟻搬家，或是燕子、雁等候鳥南遷北徙的事實，就可瞭解，環境幾乎無法控制住動物。至於最後，人類的出現，就更對環境有本質上的變化。人類不但會適應環境、選擇環境，最重要的是，他會改造環境。當他發現當前的環境不適宜自己居住時，他會爲了某一些理由，就固執著不搬家，而是設法改變環境：天熱用冷氣，天冷用暖氣就是一例。

理性化重組自然，原就以人爲中心，使環境因人而改變，而不是要人去改變自己的習慣去適應環境。在這點上，晚近的行爲主義者可就犯下了錯誤，他們以爲人類的行爲，甚至行爲整體加起來的文化，都由環境所決定。歷史學家湯恩比就已指出，文化會改變環境，他提出的比方就是地中海東岸，土地肥沃，非常適宜種植葡萄釀酒，但是百姓卻不這末做；而地中海北岸，地多砂石，非常瘦削，種葡萄非常困難；但是當地農夫卻不辭辛勞地開墾土地，種植葡萄，釀造美酒。之所以然者，地中海東岸人民信奉回教，不喝酒；而北岸則爲基督宗教，常喝酒的文化所致。

人類要克服環境、改造環境，就拿就近的窗帘和日光燈來作比方好了。自然的規律本來是設法要所有生命都是「日出而作，日入而息」的；果然，所有生物亦都遵循這一規律而作息。可是，人類的科技發明了窗帘，早上喜歡睡懶覺不肯起牀，於是用窗帘把陽光擋在窗外，讓房間仍然漆黑一片，酷似黑夜，仍然可使人安然入睡，繼續夢見周公。在另一方面，太陽下山了，告知人們忙了一天，該是休息的時候了，但是，忙碌的人們總覺得白天時間不夠，還應該挑燈夜戰，於是仿照太陽，在室內製造光明，有人仍然沒有睡意，還要在燈下摸兩圈。

這就是人文世界，表現在改造自然規律上面。

曾經看過一部電影，開影時的序幕是兩群原始人在打群架，在爭奪一湖水源。這二群原始人中，一群會利用工具，用木棍或骨頭做武器，而另一群則赤手空拳；幾度交鋒下來，顯然地，會用武器的一方獲勝。在慶功宴上，勝利一方的領袖把手中骨頭往上一拋，頓時變成了一座太空船。電影主題由此展開。眞的，在工具的哲學意義裡，原始人手中的一塊骨頭，以及當代的太空船，本質上並沒有什麼差別。人之所以爲人，就是因爲他會利用「工具」，因而也就叫做工匠人（Homo faber）。人類發明了工具，想到方法，來代替人手，來改造自然環境；把人文氣息帶進死寂的世界中。

我們可以想像，人類的原始祖先們，如何靠天吃飯。樹上有菓子，他們摘下來吃了，樹上菓子吃完，就只好挨餓；天氣好時，出去狩獵，打隻野兎回來，一家人都可飽餐一頓；可是，天氣不好，野兎不出洞，打不到獵物，一家人都挨餓。慢慢地有聰明才智較高的人出來，意識到這種靠天吃飯的方式不好，設法改變生存的方式：首先，樹上的菓子摘下來後，不能全部吃光，要留一部分來種：叫種子發芽、吐葉、結菓，然後再吃菓子；出去打獵也不要把禽獸打死，要抓活的回來；然後飼養牠們，叫那兩隻腳的生蛋，叫那四條腿的生孩子，可以吃蛋和小動物。這不就是播種、種植和畜牧的原始嗎？人類就是因爲理解到自然的規律，然後宰制它們，而使自然環境爲自己所用。

種植和畜牧當然是人類文明中農業時期的主流，但是，若一直停留在農業社會中，人類的改造環境仍然是原始的，不夠文明的。西洋文化早在紀元前八世紀就開始主張發展工商業，來取代農業。

當時的情形是這樣的：

地中海北岸，在紀元前八、九世紀時，各城邦人口忽而增加；人口增多，就使糧食不足。如何謀生也就成爲當時各城邦的智慧考驗。其中最值得提出來參考的，有三個城邦：雅典、斯巴達、柯林士。

柯林士城民比較厚道老實，他們很快就定下了解決的方案，就是「移民」。理由是，自己城邦人口多，地方小，而鄰近卻有些地方很大，人口稀少；於是城中一些比較年輕力壯的，就離鄉背井，到別人的地方去，以勞力換取糧食，運回家鄉，養育家人。

斯巴達人則不如是想，因爲他們發現自己地方小，但人口多；而別的地方則是人口少，地方大，「這太不公平了！」於是主張出兵去佔那些地方，然後派人去開墾種植，把出產的糧食運回來，養育城民。這叫做「殖民」。

雅典的議會習慣辯論，很久都沒有定案，因爲他們首先覺得「移民」不妥，因爲城中精英部分都到外地謀生，家中剩下的都是老弱婦孺；而且，有辦法出去的人，在當地吃得開之後，未免安家立業，反而把家人接了去。這樣，豈不是在城中只剩下沒有辦法、沒有本事的人；聰明才智者都離開城邦，那城邦豈不走向沒落？因而，雅典決定不要學柯林士的移民政策。

可是，在反方面，議會討論後，也覺得斯巴達的殖民也不可行。爲什麼呢？因爲你去打人家，佔領了人家的地盤；當地的人原本工作一天就可以吃五天的，而且都生活得很好；現在，外人入侵之後，每天辛勤工作，僅足以糊口。他們當然會偷偷地去看看碼頭，發現自己血汗所獲，都被運走，是會造反的。他們造反，你得出兵鎮壓；鎮壓越兇，可能造反亦越厲害，只要開始了戰爭，難免最後就被戰爭消滅；因而，雅典人不去殖民。

結果歷史告訴我們，雅典智慧貞的不幸而言中，柯林士亡於移民，而斯巴達亡於戰爭。

可是，問題這才開始。雅典不移民，又不殖民，如何養活日益增多的百姓？這是雅典人的智慧考驗。不過，雅典之所以爲雅典，是有道理的，他們通過了這考驗。

雅典人想出的方法是：就要利用有限的地方，生產更多的糧食，養活更多的人。這也就是要改變生產的方式。雅典改變生產的方式就是：農（漁）加工變成商。

亦即是從土地裡的產品，或是地中海上的產品，拿來加工而成爲商品，然後一本萬利賣出去。這顯然地就是逐漸在農業基礎上，建構工業和商業。從雅典對工商業的概念，然後就演變成西洋以工商業爲主流的文化體系。

稍爲懂得一點經濟原則的人都曉得，如果要商品的獲利優厚，那就要在「農產品」或「漁產品」的「料」上，以及在「工」上下工夫；換句話說，如何能「偷工減料」，才能使得獲利優厚。

因爲要發展「工業」，工具的發明是不可或缺的，方法的運用也是必須的；最後，要改造自然，要代替人手，都需要方法，都需要非常實際。「人定勝天」的基本信念是不可或缺的。

科技在此時就派上用場，人類要用自己的系統來重建自然的體系。也就因此，商品就已經不是自然原本的東西，是經過人類改造之後的。同樣，文明和自然也不一樣，文明人是經過理性的反省和組織而生活，並非生活在自然世界中。

二、科技是人在製造工具，來宰制世界

工商業的開端，固然是西洋人在求生存的過程中所引發，但是，其根本信念，還是「人爲萬物之靈」，還是「人定勝定」，還是「人爲萬物的主人」。人在改良世界時，所用的工具中，最使人嚮往的：玻璃的發明。玻璃基本上是針對人的「視覺」而發明的。「改良」人的感覺器官，當然就改良了被認識的對象。試想一下，用玻璃做成顯微鏡，把眼睛的功能放大了，以前看不見的小東西，現在一清二楚了。用玻璃做成望遠鏡，把眼睛拉長了，以前看不到的遙遠的東西，現在都看得見了。望遠鏡眞是神話中的千里眼。

假如蜜蜂會思想，會製造工具，必然會發現身爲昆蟲，最麻煩的事莫過於身體太小，長不大，常受欺侮。如果蜜蜂有理性，它們就會先改造自己的呼吸系統，不再用氣管呼吸，而改用肺。如果蜜蜂用肺呼吸，那身體就可以長得像獅子那末大；這樣，又會飛，又有針，針上還有毒；到那時，人類不能再妄想吃到蜂蜜，不被蜜蜂趕出地球，已經是萬幸了。

可好，蜜蜂是自然物，不會製造工具，也不會思想，不然，人類可就不好過了。

再看看人類，一旦瓦特發明了蒸汽機，瞭解到物體三態互相變化時會產生能，而由水汽化時

的能力，足可以使火車頭不要馬拖就會走，而且輪船亦不必搖櫓就會在水上行。然後依照同樣的公式，發現最容易汽化的液體是汽油。這一發現不但使原來貧窮的阿拉伯國家，一夕之間成為世界鉅富；而整個世界也進入了石油時代，同時，石油的風吹草動，都足以動搖全世界的經濟。

石油眞是擁有魔力，它還在推動著人類的歷史；藉著它，人類宰制著世界，也宰制著人類。

三、科技之利

在今天科技已經使人類早年的許多美夢都成眞了。試想想我們每天都不可缺少的「千里眼」（現代人稱它為電視機），以及「順風耳」（科學家稱其為電話），就足以使我們享受不完。多少家人在晚上吃晚飯可以排排坐，對著千里眼，去欣賞外地風光，不但可以看見「八千里路雲和月」的壯麗山河，而且還可以聽趙樹海先生的召喚「大家一起來」，玩個痛快。

我們一想到，就連孔老夫子都沒坐過噴射機，而自己有機會搭乘，該是多末為科技值得驕傲！

如果人類不會發明工具，如果人類和猴子一樣，沒有科學和技術，現在恐怕仍是猴子，如果達爾文的進化論有科學根據的話。果眞我們還是住在樹上或是洞穴中，還在茹毛飲血。現在所有的生活舒適和方便，都是拜科技之賜。

民國四十一年，赤潮泛濫大陸已第三年，我從家鄉徒步逃難香港，一共走了足足二十一天。

近日據一位同鄉回家探親，從九龍乘車一個上午就到了家鄉，眞是不可思議。民國四十七年回來臺大念書，每天上午十時左右，都可見到臺北市家家煙火，在生煤球；今天，大多數人用瓦斯，「拍」一下就著火了；甚至有人用微波爐，連「拍」的一聲亦省略。

民國五十年前後，公館只有零南公車，一路開新生南路去西門町，然後從羅斯福路回來，另一路反方向從羅斯福路去西門町，再由新生南路水溝邊開回來。當時，穿雙二十元新臺幣的新襪子出去，一趟回來，就已空前絕後；現在，五十元三雙的襪子，你要它破還不容易呢！需知三十年前二十元可是四天的飯票，今天的五十元能吃飽一頓就算便宜了。還有一點要加以說明的，現在公館有四十路公車進出；而你也絕不可能在下雨天找到一條拇指大的蚯蚓在路邊。

科技之利是數不清的。民國四十七年秋來臺大念書，從香港坐四川輪來臺，剛好遇上八二三炮戰，不能走海峽，要繞太平洋，走了五十二個小時才到基隆，前些日子去香港，坐飛機用去的時間，比從家裡去機場還要短。戲說送機的人還沒回到家，你已經在香港茶樓飲茶，接受朋友為你接風了。

四、科技之弊

可是，在所有的科技之利的背後，早就躲藏著一些禍害；早期，不知道是人的智慧還未開發，或是禍害藏得好，一直沒有人覺察到，因為一來人們正沈迷在科技的成果享受之中，二來一心還想叫科技再發展，人生更多的享受。可是，今天，當人們發現，南極上空出現了個大洞，臭氧層被破壞，太陽的輻射有可能危害地球上的生命時，才開始緊張起來。幾乎也在同時，城市化的情形，讓人們製造了越來越多的垃圾，而發現自己竟然是住在垃圾堆中，才多少瞭解到科技汚染了環境，而這環境又是我們唯一能居住，暫時無法搬家離去的環境。

環境汚染的習慣性，就好像小時在鄉下養鳥，開始時用籠子，慢慢的不要用籠子了，爲什麼呢？因爲餵小鳥吃的米曾經炒過，餵牠的水是茶，小鳥習慣了這些人爲的加工食品，一旦回歸自然，吃的喝的都淡然無味，自然就飛回來，只要餓了渴了，離不開人的束縛了。人們活在汚染的世界中一般，不要奇怪有人不在湯裡放味精，就覺得湯不好喝。這眞說明了，人生存在汚染的環境中，沒有原始自然的接觸，已經麻木了，不知道自然的寶貴了。

有一次，有機會陪德國的環保學家去墾丁，當他踏進了原始森林之後，高興得手舞足蹈，說自己從來就沒有眞正接觸過上帝造的森林，希望我們千萬不要藉「美化」的名義去改造它。他告訴我，去德國的森林中散步，沒有絲毫放鬆，因爲旁邊的樹木都在排著隊，彷彿在接受人們的檢閱，任何一個檢閱的人，能輕鬆著散心嗎？這是他的問話當作結論。眞的，德國的環保特別，因爲二次大戰期間，法國的軍隊爲了要消滅這個引發兩次世界大戰的日耳曼民族，不用殺人，而用殺人不見血的手段，砍掉全德國的樹。德國再生之父艾登諾，最先以植北海道的針葉松來拯救德國，使其有水源，不致變成沙漠。

科技之弊，屈指算來，至少有下列數種：

㈠人類透過科技，把自己居住的環境汚染了。人類在利用自然、改造自然時，製造了過多的垃圾——自然界自身循環時，無法消化，或難以消化的垃圾，而終至使自然界的消化系統不良，新陳代謝作用不順暢。自然界的不健康，到頭來還是影響到人類本身的健康。說來也奇怪，大自然的規律，就如所有的植物，都在替人類製造新鮮空氣，而吸碳吐氧，讓人類有足夠的氧，保持良好的血液循環。可是人類卻製造了許許多多的產品，而每一種產品都照著人類的肖像作模型去塑造，因而都吸氧吐碳，和人類爭取生存的必需：水泥的房子也好，空調系統也好，汽車也好，都在無限制地用去了氧，而製造出碳。人類不是死在荒蠻的自然手中，但卻被自己雙手創造出來的東西所宰制。

㈡開始時，人發明工具，去宰制自然，使自然的秩序轉化成人文的秩序。一旦人文的秩序，尤其科技發展到某一程度時，人類竟然喪失了與自然接觸的機會，一切都得聽從機器的安排，沒有機器，人的吃衣住行都無法進行。人類反而被科技宰制了。一九八四年去夏威夷開會，希爾頓飯店櫃臺前大排長龍，久久不能動，原來電腦故障了。一位日本教授等得不耐煩，前去告訴櫃臺小姐：電腦壞了，妳不會用自己的腦子嗎？眞的，人類發明電腦，本來是爲了代替人腦用，但是，有了電腦之後，人腦就報廢了。這就好像有人覺得兩條腿不是很好的交通工具，認定直昇機是更好的工具，於是買了直昇機，但同時亦把兩條腿鋸掉，一樣地愚蠢。

㈢透過科技，人與自然隔離了，因爲太信任科技，把人類原本處理自然的權利拱手讓給了科技；而這種行爲還稱之爲「文化」或「文明」。事實上則是「僞裝」，因爲人類從此失去了天眞，失去了純樸。

民國六十年前後，與同學們去郊遊，路經深坑，看見路旁樹上的柚子，竟有同學大叫：「看！柚子長在樹上！」民國五十年前後，臺北市公車還是面對面排排坐，互相看見，都會點頭微笑。現在公車隨著科技發展，都一排排往前看；你從前門上車，掃描一下車內乘客，縱使四目交接，也沒有了昔日的溫和以及笑容。

人與自然隔離，人與人也隔離了！

科技給人方便、舒適，但人類卻付出了相當大的代價。

叁、道家與科技發展

上面我們很濃縮地探討了道家的思想架構，同時也談及了一些科技的內涵，現在，我們把它們連結起來，看看是否會產生一些成果。

近百年來，中國被迫門戶開放，而且被迫進入世界歷史洪流中。茲後亦有不少知識分子認爲中國自強之道，唯有透過「西化」。而這裡所說的「西化」也就全等於「科技化」，或新近說的

「現代化」。當時最有名的口號就是「德先生」和「賽先生」。「德先生」是英文 Democracy 的簡稱；而「賽先生」則是英文 Science 的簡稱。二位先生當時在改革派心目中，都是中國的上賓。本來這「上賓」的意義總有「中體西用」的內涵；可是，發展到後來，主張西化的人反而使其有機會「反賓奪主」，而主張「全盤西化」。

全盤西化的理論，其中非常重要的一點，消極上是反對中華文化的落後，無法開展出科學文明，積極上也就是要社會上的「德先生」，以及科學上的「賽先生」。

「賽先生」與當時中國文化傳統中的三大流派都有接觸，與儒家士大夫的接觸，只有在理論上，或是民族意識上有爭論，但是，不至於無邊無際的激烈。「賽先生」接觸佛家，後者的出世精神，對社會的諸多改革，本來就不動心，也沒有引起多大的麻煩。可是，「賽先生」帶來的科技文明，放在道家眼前，可就有許多話要說了。

道家的自然無爲，在最基本的人生信念上，與科技的做法就是背道而馳的。科技本身絕不是順自然，而在積極處是要破壞自然的。道家的無爲，站在科技發展和進步的理念來看，也是格格不入的。

道家思想接觸到科技文明，眞像慢郎中遇到急性子；科技接觸到道家，可就是急性子遇到慢郎中。

道家的人生觀是清靜、自然、無爲；而科技則非要透過喧鬧，用理性來改造自然，以有爲來追求發展和進步。道家要人與自然合一，達到「物我相忘」的境界；科技則必需把人與物對立起來，而要人去宰制物。道家希望的人與物是共生共存的；科技則強調：人是世界的主人。

在這種理念的衝突中，如何求得和諧之道，原就是今天要探討的主題。

首先，我們在道家重視自然與無爲的學理中，似乎有對萬物一視同仁的看法，變成整個世界都沒有層級之分，而且人與物是圓融的。這種「圓融」的學說，把它看成原始可以，甚至把它看成是未來的終極發展也可以；但是，用其來描述現狀，也許就有點與事實相違了。

道家也許沒有認眞考慮過「人爲萬物之靈」的課題；也許沒有注意到萬事萬物之間彼此的差別相，而太著重它們相互間的共相和普遍相。還有就是「人定勝天」的說法，證諸於人類求生存的歷史，亦可找得某些論證；文化與文明的所有產物，都可以提供這方面的佐證。

這是道家的不足處。

同樣，在科技的世界中，不也忽略了許多不可否定的事實？像人與世界的關係中，自然的秩序與人生的秩序，本是平行的，相輔相成的；更重要的是：人亦是世界的一分子，沒有人可以離開世界而生活，人的兩隻腳是要踏實地的。尤其人有肉體，後者的物理性、生理性、心理性，是無法擺脫物質、生命、意識的；人的精神固然可以超越物質，但是卻無法與物質世界絕緣。更重要的是：人的肉體生命根本就無法脫離物質世界；如果物質世界被汚染了，人的肉體也就生病；

一旦物質世界被毀滅，人類也就失去了存在的立足點。人與世界是共存共榮的，人與自然界也是共存共榮的。

要處理道家的「自然」與科技的「理性」之間的衝突，第一個要提出來的問題就是：科技所強調的「人是世界的主人」的眞正意義是什麼？它的涵蓋面有多廣？「主人」究竟擁有多少權利？主人有沒有應盡的義務？

首先，就主人的「所有權」和「使用權」二者加以分析和檢討。

西洋文化人與物的關係，《聖經·創世紀》的記載，上帝把統治世界的權力交給了人。這種「替天行道」的人本思想，一直是西洋自然科學發展的支柱。在科技發展中，西洋人可以說毫無保留，甚至肆無忌憚地開發物質資源：不但隨意採用礦物，供人利用；同時亦運用各種有生命的東西，從樹木花草，一直到鳥獸蟲魚。（在這裡，我們不必極端地指出，人類也有相當大的一部分被利用，或被運用作工具；奴隸制度就是其中之一。）

「人」的自我膨脹，會以自己爲中心，去奴役自己以外的所有人地事物，這在政治上是霸道，只在展示人對世界的「所有權」：認爲外在世界的一切，都以人爲主人，完完全全臣服於人類的主權下。

今天的環保意識才漸漸覺悟到，「人」不是世界的「所有權的主人」，而只是「擁有使用權的主人」。我們誰都可以在圓山飯店訂個房間，但是，你只有使用權，而沒有所有權。這也就是說，在期限之內你可以住，但是絕對不許你把它賣掉。

不但如此，你有權居住那租來的房子，但也有責任要保護它。這種只有使用權，而沒有所有權的瞭解，可能很適合人與世界的關係。因爲，如其說：人對世界有所有權，不如說：人對世界只有使用權。人可以利用世界，可以取用世界的資源，可是卻要保護它，不許別人殘害它，自己亦不要去破壞它。

其實，這「使用權」的瞭解，還是西洋法治理念的產物，它的說服力固然足夠，可是，控制力有多少還有待商榷。而道家在這方面，卻有更深更遠的考量，那就是「萬物一體觀」。這一體觀就說明「人與自然」是一體的，愛自然就等於愛自己。使自己生命的循環順著自然時，就比較健康，同樣，對付自然要如同對付自己的肉體一般：可以從肉體處獲得勞力，但是，亦得補充它的養分，以及增進它的健康。從自然界獲取生命的活力，效法自然的運作，不可去殘害自然。

「萬物一體觀」的理解，可以用莊子的「心齋」或「坐忘」的方式一步步深入；也可以遨遊名山大川，與自然界接觸而獲得。當一個人認定自己與萬物一體時，也正是《莊子．齊物論》中所認知的「天地與我並生，萬物與我爲一」的境界。在這境界中，終於會認知「道」的運作在「無聲無息」，但畢竟在人內心，人的一思一言一行，一舉一動都與道的運作約合符節。這時，不但不會去破壞自然，反而在欣賞自然之餘，也把自己的生命消融到自然之中。把自己變成一滴水，滴入自然的海洋裡，這滴水與汪洋大海的水已合而爲一。人的存在也就在「忘我」的境界中，與自然和諧了。

第二重的問題比較具體實在，那就是一個人，如何利用道家的「自然」「無爲」，「自由自在」「心安理得」地生活在這充滿物質文明，完全由科技控制的世界中？一個人如何能擁有物質的享受，享盡科技的成果，但同時內心又是自然的、無爲的？這當然是現代人智慧的考驗！

首先，我們應對「人文」概念有個輪廓，先認清「人文」概念的內涵以及其範圍。

「人文化成」的意義當然以「人」爲中心，去對應其所遭遇的人地事物。「人」中心又不是單一性的，而是又「知」「行」「感」三種不同的面向的。

在「知」的層次上，固然可以發揮「知物、知人、知天」的三知論，但基本上還是「主客對立」的存在模式：以人爲主體，去認知外在於自己的人地事物。這時，人與自然便形成對立。人是主體，自然是對象。所有自然科學都是站在這種對立狀態之中發生和發展：人爲萬物之靈的信念也好，人定勝天的自豪心理也好，其實都把自然世界看成對象，而且是看成可以被人類宰制的對象。自然科學也就在人認知物質的性質，認知物質變化的軌跡，前者屬物理，後者屬化學，之後，就可以用人的想法去重組自然的規律。自然科學的表面成果，都是人在宰制自然世界。

當然，人文化成的最具體事實，也就是科技的進步，而使人在這進步中，享受著各種生活的方便。人類與禽獸不同的具體表現，也就在於人在科技上的發展，這發展不但使人成爲世界的主人，而且使人成爲替天行道者。

可是，人與物之間關係所開展出來的科技，畢竟多屬於物質享受的層面。而人享受物質，也的確有其限度，就如人只有一個胃，吃山珍海味，或是粗茶淡飯，本質上「食以果腹」，並沒有什麼區別；人也只有一個身體，住豪華大厦，或是違章建築，能避風雨，也不會有很大的差別；何況人人在命運途中，都一樣會結束生命，走向死亡。在死亡來臨時，墓穴再大，也不過睡一席之地。物質享受總是有限度。而且，科學越昌明，醫學知識亦越豐富，新近誰都知道，物質享受越多，對健康也越有害，簡樸的生活反而有益身心。

這裡就開始了道家智慧的用場，這道家智慧也是經驗的累積；道家的生命情調並非與經驗相反的。

道家生命智慧雖理論上奠定在自然、無爲；但在實踐上，亦是儘量減少人爲的因素，而用接近自然原始爲優。目前，人類亦已經覺察到：加工食品雖能讓口腹有某種享受，但卻不是健康食品，越自然越健康。最清楚的一項就是在喂嬰兒時，母乳總比牛乳好。這亦是由科學可以驗證的。但是，道家的自然，早就揭示了「自然」「樸素」等原始概念的意義了。

再來是「人與人」之間的關係，這是超越了「知」的界限，而走向實踐的「行」的領域，同時亦是倫理道德的課題。《老子》第八十章雖提出了「民至老死，不相往來」的聲明，這顯然與其《道德經》的「獨白」性格相符（《道德經》五千言，沒有一個「你」或「他」的人稱代名詞）。可是，這「獨」的意義卻不是「孤獨」，而是「獨與天地精神往來，與外死生無終始者爲友」。道家是要「與造物者遊」，不與人間世的庸俗來往，而且最後還是要到達「天地與我並生，萬物與我爲一」的「萬物一體」的境界。

人際關係在社會上原是儒家的工作，道家在這裡，並沒有發表多少意見。倒是「人與自然」的關係，道家說了許多「不言之教」，這是生命中的藝術境界，是「人與自然」一體的感受。無論是「與造物者遊」或是「天地與我並生，萬物與我爲一」的感受，都是教人如何生活在自然之中，與自然和諧，與自然合一。這也是人的心靈的自由自在的境界。

「人法地，地法天，天法道，道法自然」（《道德經》第二十五章）說明了所有的「法」，最終是道的「自然」。「自然」的概念原本是動詞，落實到天地萬物時，就成了「道」的呈現的現象，是自然界；而當代科技所轉化的，以及設法宰制的，便是這個自然界。正如前面說的，科技的理解是人與自然的對立，是人的理性要去改造自然，去變更自然的秩序（太陽出來了，要用窗帘把陽光擋在窗外，自己仍然在黑暗中睡覺；太陽下山了，遍地黑暗，但在房中仍然亮起電燈，還要挑燈夜戰）。

針對道家的順自然，以及科技的開發自然，在理念上似乎南轅北轍，無法相容。我國近來有兩位畫家大師，可以在這裡提出來作一番比較性的瞭解：前一陣子國家慶典，有關單位曾邀請數位大師級的畫家，共同畫幅畫來慶祝，記得當時筆者就戲言：希望黃君璧先生所畫的牛，那牽牛的繩子如何要找個地方縛上的話，千萬不要縛在張大千先生所畫的籬笆上。誰都知道：張大千先生的畫充滿著道家和佛家的「自然」氣息，他要把自然界的氣勢融合在他的手筆下，也就因此，在其畫作中總見不到科技的產品；你可見過大千畫高速公路或在馬路上奔跑的汽車？不但這些高度科技的產品不可能走進其作品中；就是稍有人爲的當代產品，也不會在其畫作中出現，你是否也見過在遊山玩水的人潮中，有打領帶穿皮鞋的？或者，如果偶爾發現一頭牛，那也絕不會被穿著鼻子；或者畫一幅籠中鳥？

這是中國傳統的山水畫，襯托出自然之美，自然之偉大。

至於黃君璧先生就不同，他總是希望在畫作中，融自然與人文於一體；他可以畫一排水泥的籬笆（大千先生是要用自然界的竹子的）；他也會畫一些當代的樓房，人文氣息只要不是極端破壞自然，黃先生還是可以忍受的。

藝術家無論怎末極端，總還是要把所畫的東西，還原爲本來面目，雖然這本來面目很可能幾經人的理性的調整而成爲藝術品，但其「本來」的意義仍然與「自然」的涵義互相吻合。

上面提到：人與人之間關係，道家說的不多，多爲儒家的倫理道德所發揮。但是，針對西洋科技之最大缺失，即是從「奧林匹克」競爭文化導引下來的「奴隸制度」以及「殖民政策」，是把人際關係用「人與物」宰制的信念所控制。關於這點，我們在結論中還要詳細述及。在這裡，筆者以爲在「人際關係」中，儒家與道家唯一相同之處便是「仁心」。這「仁」概念是孔子所提出，儒家弟子們繼續發揮的核心概念。有人以爲中國哲學有兩個基本概念支撐著整個思想史，一是先秦的「仁」，二是隋唐佛學的「慈悲」。這可說是把道家遺忘了。老子提及自己有三寶；其中第一寶就是「慈」。

原文是這樣的：

我有三寶，持而保之：一曰慈，二曰儉，三曰不敢為天下先。慈故能勇；儉故能廣；不敢為天下先，故能成器長。（《道德經》第六十七章）

「仁心」和「慈悲心」原是相通的，是儒家和佛家認定心性的基礎道德。老子的「慈」似乎有此意義。河上公的注：慈，愛百姓若赤子。對「慈」的特性「慈故能勇」則注釋爲：「以爲仁，故能勇於忠孝也。」這顯然是儒道合一的解說。顯然的，當代的道德概念「仁慈」，算是合儒道於一體，而且是在人際關係的德目上著眼。這樣，如果明瞭科技的最大害處，並非對自然的宰制，污染自然，破壞自然，間接爲害人類，用其污染了人類居住的環境而已，而是在從農（漁）業發展到工商業時，副作用的奴隸制度和殖民政策，直接爲害人類；以弱肉強食的原理欺侮弱者。而道家在這裡，提出的做人概念「慈」，可以與儒家的「仁」相呼應，而修改人性中的「宰制」心，而轉化成「仁心」和「慈心」。

「慈故能勇」的特性表達，我想還是可以用比喻來瞭解的。小雞未成年時，尤其是雌雞，膽子很小，就是找得大一點的蚯蚓也大叫，叫公雞來幫忙。可是，一旦長大了，生了蛋，孵出小雞了，則這「慈」母的特性就表現出來；母雞敢和老鷹打架，這勇敢是因爲母雞「愛」自己的小雞，不怕犧牲性命之故。「仁心」「慈心」的表現是「愛」，「愛」就是勇敢的。女性軟弱，爲母則強是有道理的。孔子和老子都深懂這箇中道理。

而道家所瞭解的人文化成，到最後是人性的提升，當然是提升到「物我合一」的境界。不過在人際關係，雖然有「民至老死，不相往來」的看法，到具體人生時，還是屬於道德世界的。老子把「慈」作爲三寶之首寶，就是例證。

結語

科技——因爲太注重人的理性部分，而且亦太重視「宰制」的成果，首先就是宰制自然世界，而在無限制地開發自然資源，無限制地利用自然資源時，汚染了人類居住的環境。這還不是最壞的一面。最壞的部分是：宰制的心態不但用來在「人與物」的關係上，去宰制物；而且更擴而大之，發展到「人與人」的關係上，開始用自然科學技術去宰制人類。

本來，西方文化尤其是雅典，原來工商業的設計是爲了解決民生問題中的糧食問題；但是，一旦公式「農（漁）加工成了商」之後，繼續的思考路線就走向了「唯利是圖」的心態。在前段公式中，誰都知道，要增加商品的利潤不然就是「偷工」，不然就是「減料」，不然就是「偷工減料」上下其手。而雅典的雄霸地中海，在工商業的開創期，並未學得減料（品質保證是西洋商業文化的特色），但卻在「偷工」上做了手腳；那就是用「廉價勞工」。當時最廉價的勞工就是奴隸，只要給他們吃飽，就可剝削他們全部的勞力；於是有了「奴隸制度」。進一步，奴隸的來源問題以及材料來源和市場經銷，都導引出非有「殖民政策」不可。於是，人與人之間的不平等的奴隸制度，以及民族與民族之間、城邦與城邦之間不平等的殖民政策，都在大行其道（現在，雅典的遺址，羅馬的遺址，都有奴隸市場可爲明證）。

這種「宰制」同類的情形與西方的科技發展是同步的。從希臘到羅馬，然後基督宗教由於「博愛」的教義，以及強調人的靈魂是「上帝肖像」，才使奴隸制度以及殖民政策停頓了一千二百年。但是，十六世紀宗教本身的感化力式微之後，西洋這種奴隸和殖民的心態又死灰復燃：先是地中海西岸的西班牙、葡萄牙，繼則是地中海北岸的英、德、法諸國，現在則是美、蘇二大集團。我們念西洋歷史時都會發現，十九世紀的眞正黑暗時代，是洋人在美洲販賣黑奴；我們的確難以瞭解，西洋從文藝復興以來，如何強調「人」中心，如何提升人性的尊嚴和價值；但是，一旦「利」字當頭，一旦遇見了與自己膚色不同的人，就有了雙重的標準。

這種被「利」所惑的商業人士，利用奴隸殖民還情有可原；但是，十九世紀的各種哲學思想，無論是法國的實證主義，或是英國的功利主義，或是美國的實用主義，或是德國的唯物主義，都異口同聲贊成達爾文、赫胥黎的進化論，主張「弱肉強食」「適者生存，不適者滅亡」

「物競天擇」，把仁愛、和諧、慈悲、博愛等概念都拋在腦後，而無形中成了帝國主義侵略的幫兇。

弱肉強食的學說，在西洋本身亦是違反希臘的正義傳統，更違反基督宗教的博愛誡命；中國何其不幸，與西洋文化接觸的時機不在先秦的「仁」與希臘諸子的「正義」，也不在西洋中世宗教的「博愛」與隋唐的佛學「慈悲」，而在於中國清代和西洋最沒落的世紀。五四前後，嚴復所翻譯的作品，都在盛讚物競天擇、適者生存、不適者滅亡的主張，而把中國傳統的「人際關係」的和諧仁愛拋棄，一心想用堅船利礮來自強。自強運動和自救運動的根本動機並非出自人類最高貴的愛心，也非出自中國傳統的諸般美德，而是用了「弱肉強食」的科技思想。這樣的中西文化交流，委實迷失了自己，付出了道德文化的代價，可惜的是，卻也並沒有獲得自強的成果，反而掉進了更落後、百姓的生活更悲慘的地步。

道家哲學，在這種「有爲」「執著」的思潮裡，委實很難找到機會發揮。可幸，中華民族的慧根仍在，並未因西化的科技文明所完全腐蝕。中國民族性仍然活生生的存在於百姓的思言行爲中。因爲，中國人的人生觀，早已開放給所有善性的學說，儒道在早期的融通，以及儒道與佛的融洽，早已成爲中華文化的共命慧。

在民間最清楚的表現是：一個人生病了，除了找醫生之外，還是會請道士來念咒驅魔。萬一病沒有好，死去了；此時則是佛教僧侶來誦經，超度亡魂。至於出殯的事，則仍保持儒家風範，無論孝子孝孫們的披麻帶孝，或是長者的誦念祭文，亦都依循儒家模式。在中國人生中，儒道佛是合一的。這合一的精神在採取了儒家的孝道，道家的樂天知命，佛家的慈悲心腸。道德文化表現在「人與人之間」，「民族與民族之間」，「國與國之間」，都是和平相處，而沒有殖民政策和奴隸制度的。

爲這種文化差異性的問題，筆者還在歐洲留學期間，也產生過一次不大不小的辯論！記得那是一九六七年前後，德國政府也有單位在暑期舉辦一些外籍學生與本國同學共同的夏令營。那一次是在德國中部的柯尼士坦（王堡）。會中當然難免討論到文化差異性的課題，當時在福利堡教授中國哲學的蕭師毅先生亦在座，而且發表了演說，盛讚中國是一個和平的國度，而中華民族亦是一個愛和平的民族。

可是，當時參加的德國同學提出很多不同的意見，尤其有個號稱中國通的教授，更以當時中國共產黨的一些暴行引出來，作爲中國傳統，甚至肯定毛澤東是中華文化與馬克斯主義文化的合璧。當時是上午，剛好由筆者作主席，討論時不會多講話。於是只好犧牲午睡，在下午開始時利用主席權威，佔用十幾分鐘，引導討論的方向。我先用幾張幻燈片作引子，進入主題。第一張幻燈片是中華民國大地圖，連外蒙在內，好大一片；不過，在介紹時，用中國傳統的客氣口吻說：「中國沒有什麼，可是有很大很大的一片山河，它比歐洲除了蘇俄部分之後還要大！」第二張圖片是當時世界最大的小學——老松國小下課時的照片，一萬多帶黃帽子的天眞小孩，擠成一大堆。旁白還是很客氣：「中國的確沒有什麼，但是有很多很多的人！」此時已經有幾位先知先覺的德國同學坐立不安了！那末大的土地，那末多的人，還說沒有什麼！

第三張圖片給他們鬆口氣：萬里長城。德國任何一個入學前的小朋友都玩過一張卡片，卡片一面提出問題，問及世界之最，卡片背面提出答案。有一張卡片的問題是：世界最大的建築？答案是中國萬里長城！德國同學很高與他們對這方面的知識。

筆者開始了討論：問及「誰領導蓋了萬里長城？」其中一位漢學系的同學回答了：「是秦始皇！」不錯，是秦始皇，不過，可惜的是：秦始皇生在中國，而非生在德國。如果生在德國，你們可能給他一個什麼獎的。為什麼中國沒有獎賞他呢？就是因爲他太覇道，不講仁愛！不過，秦始皇在中國人心目中是壞皇帝，比起歐洲人來還算不錯的，原因就是，他終究滿足於統一中國；築萬里長城，不想與蒙古人打仗就是明證。歷史的確也告訴我們，蒙古人的確好久好久都打不進中國。蒙古人好戰又會打，打垮整個歐洲，直搗非洲也是明證。中國人當時一定能打，但不打，也正證明出是愛和平的民族！

這時臺下有人舉手要發言，並說：「我可以證明中國人是喜歡戰爭、喜歡侵略的民族，因為中國人最早發明了火藥！」這問話來不及由筆者回答，在座的韓國副總統張勉的兒子張益先開口了：「這問題由我代表主席回答；你知道中國人發明火藥做什麼用嗎？放鞭炮！家有喜事，娶媳婦，放鞭炮請鄰居來喝喜酒！放烟花！民間慶典把晚上的天空佈滿彩花，與民同樂。西方人比較晚發明火藥，不過，科技發展得快，今天發明火藥，明天就發明機關槍！我現在可不可以請問：機關槍是做什麼用的？是結婚時候嗎？或是慶典上用？」

這當然是理論上之爭，不過，中國從來沒有奴隸制度，亦無殖民政策。郭沫若爲了馬列主義，曾一口咬定中國殷商時代是奴隸制度時代，和西方希臘、羅馬是一樣的。其實，我們只要提一個問題，就說明此說無法成立。那就是這奴隸制度是如何停止的？中國是誰有那末大的貢獻，竟能改變一種制度？而歷史也竟然沒有記載？西方不同，它的奴隸制度及殖民政策是由基督宗教的宗教信仰力量，歷經四百年的努力才停止的。

科技文化與中國文化之間，尤其是道家與科技問題，一定得放在「人」中心的課題上來討論，凡是藉科技之名，而奴役別人的，就是妄用了科技；反過來，科技一定得爲人所用，爲人所宰制，而人在科技發展中，亦要意識到自己不是所有權的主人，只是使用權的主人。甚至更進一步，體會出自己與自然是一體的，用自然，但不破壞自然，而且讓自己一直有塊乾淨的土地，而在土地上生活、成長、死亡，「出於土，還歸於土」。

道家與現代人的休閒生活

前面一講〈道家與現代人的科技發展〉，是道家對上了科技，我們用「慢郎中遇上了急性子」作譬喻，來形容這兩種文化的相遇。同時指出：科技是西洋理性文化的成果，而道家的生活智慧與生命情調，卻是中華文化的產物。道家對科技，事實上是中華文化對西洋文化，雖然在上一篇中，筆者並不敢用海報型的用語，什麼「中西大對決」，或是「中西對抗賽」。雖然名詞上沒有如此這般地用，但是，實際上還是在相遇之後有過不少衝突，而衝突之中，難免有所傷害；說也奇怪，受到傷害的，並非東方或是西方文化，而受害的，受到環境污染的，卻是當代的人類。也就因此，道家與現代人的科技發展，不但對中國人有重要性，對全世界關心環境污染的人，都重要。

前一講是要指出：道家的智慧如何在今天的環保工作上，甚至環保理念上，發揮作用。

今天的講題「道家與現代人的休閒生活」，則是中華文化內部的課題，是儒家傳統的「勤儉」、「努力」和道家智慧的閒情相對；根本的問題在於：如何忙裡偷閒？

另外的一種相遇，則是中國人的勤勞工作態度，甚至是勞碌命的人生觀，加上了科技的發展，變得更忙碌了。從前，農家生活就是再忙，總有休閒的日子。春耕夏播秋收冬藏，在土地休息的日子裡，農民們是有相當長的日子可以休息的。現在，機器工業開始了，不但止不分春夏秋冬，就是白天黑夜也不分了。多少煉鋼廠、發電廠，每天工作二十四小時的，近日來，就連雜貨店也以二十四小時營業的方式出現在住宅區內。「為誰工作為誰忙」的問題一直在問，但是，日益繁多的工作依舊沒有消減的跡象。

科技原是西方的理性智慧，但很快地成為全人類的共同財產，全世界全人類都在追求它，都在發展它；而且以它的數據作為開發和落後的衡量標準。

休閒生活本來是道家的單獨智慧，能夠忙裡偷閒；但是這智慧在勤勞的民族生活圈子內，並沒有發揮出如期的成果，卻由西洋制度化的生活方式所取代：六天工作，休息一天的星期制，開始時是希伯來的自證慧，可是後來的基督宗教卻把它帶進了西方世界；今天，它也成為全人類的共命慧。

當然，有了科技，亦有了休閒制度，是否保證著擁有科技精神？又是否眞的會過休閒的生活？

筆者在這裡，認為縱使在今天，雙重的科技與休閒之夾擊下，道家的智慧仍然可以派上用場，而且，唯有瞭解並運用道家的悠閒心情，才可以眞正地享受休閒的成果。

西洋休閒制度源自希伯來創世紀的思想，意爲上帝在創造完天地萬物經六天，第七天就休息；而人類替天行道在摩西十誡第三誡裡，也就規定遵守安息日的規定。六天工作，休息一天，完全沒有自然現象的支持，是純粹的人文思想。

中華文化源自黃河流域，原本的作息文化是「日出而作，日入而息」，完全依照自然的規律行事，正所謂「人法地，地法天，天法道，道法自然」（《道德經》第二十五章）。可是，黃河卻是一條相當不規則的河流，從古到今不知道改過多少道，泛濫過多少次。因此，住在其兩岸，尤其居住在其出海口的三角洲上的人們，就必須時時警惕，時時醒悟，就連睡覺也不能熟睡，因爲，一旦泛濫，生命財產都不易保住；何況，改道後的新生地也等著耕作。這樣，中華民族發源在黃河流域，也學習到勤勞的習性，眞的可以日以繼夜的工作。

我們在這裡，也可以曉得，中華文化主流的儒家，的確一直在教人「勤勞」，教人「勤儉致富」，但是卻沒有教人如何休息。

在這裡，我們不妨先來看兩個場景，來瞭解一下當代人的休閒生活：第一景是陽明山之旅。你星期天起個大早，搶先上陽明山，在公園路邊找個地方坐下。總會遇到如下的一幕：兩個小孩子蹦蹦跳跳地進入公園，享受他們的童年。過了不久，一對中年夫婦手拉著手在漫步，溫習他們戀愛期間的記憶。再後一點，就是一位老太太，大包小包提著東西，有點上氣不接下氣的樣子在趕路。你可以用好奇而且帶點同情的態度去和老太太聊天，或許可幫她提一下東西：「阿媽！妳來旅行，為什麼大包小包提得那末辛苦？」這位婦人一定回答說：「先生，你難道沒看見，最前面跑著的是我的孫兒，前面走的是我兒子和媳婦，等下他們玩夠了一定肚子餓，我是給他們帶點吃的上山！」你這個現代人也許會說：「阿媽！難道這裡不是有店鋪和許多攤子，裡面要什麼就有什麼，妳何必不跟孫兒們空著手玩遊戲，餓了不就可隨處買東西吃？」老太太這時會有點不客氣對你說：「呀！這裡買東西吃，才划不來呢！一瓶汽水要收二十元，我在福利中心只要十三塊半。這裡一個茶葉蛋要六元，嚇死人，我在雜貨店二十元買一斤，有十來個，只要滷一下，便宜多了！」

試問遇到這種情形，你在大學中學到的「現代化」以及經濟原則，派得上用場嗎？或許你有急才，也有口才，可以開導這位趕不上時代的、舊社會的人：「阿媽！不是這樣子的啦！這裡是觀光區，需要大家一齊來投資，今天每人多付一點錢，等到妳孫女當祖母時，山上山下的價錢就一樣了！更何況，妳兒子不是賺很多錢嗎？高收入就應該多支出啊！」

消費的現代化，休閒活動的眞正休息，遇上了傳統的、堅信「勤儉致富」的老太太，你的理論有說服力嗎？

好了，我們換一個鏡頭，當你好不容易離開了喧鬧的都市，坐車子到了郊外，我們就說到了烏來吧！聽見水聲、蟬鳴、鳥叫，眞是人生一大樂事。可是，當你走下溪邊，正想找塊石頭坐下來休息時，卻看見一群青年人正在把他們的四聲道音量放得最大，旁邊還有人在呑雲吐霧。你是否有勇氣與他們說話：「朋友！到這裡來不是為了郊遊麼？不是為了聽聽水聲、鳥叫、蟬鳴嗎？為什麼把城市中的噪音也帶了來？郊遊不是為吸點新鮮空氣嗎？為什麼在那末新鮮的空氣中污染煙味？」

前面的兩種情景，老太太所代表的是「勤勞」的文化背景，其中沒有什麼休息，可以說，把工作當作休息了。那群年輕人則是代表了新生代對休閒生活的意見，他們要盡情的玩樂，一定要把身心都弄得疲勞不堪時，才算玩得夠。

我們這就進入主題：

壹、解題

㈠道家休閒的心境面對儒家勤勞的傳統，以及面對西方科技的繁忙生活。

㈡現代人亦即所謂文明的人，便利用現代科技的產品，與其對立的是原始人，農業社會中的自然人。

㈢休閒生活是針對工作而言：人生總是在工作，工作之後休閒，原是作息時間分配的智慧。

道家休閒生活的意義，因為沒有像希伯來民族的歷史背景，沒有六天工作，休息一天的制度，因而其休閒生活重點首先放在繁忙，尤其是煩心的事上，如何放鬆心情的訓練上。大家都熟悉的「蝴蝶夢」，也就是莊子在貧困生活中心靈獲得解脫的一種方法。這方法在於煩惱煩心之中，心靈仍然是逍遙的，逍遙在六合之外，逍遙在煩惱之外。而隨著逍遙而來的是齊物（《莊子》書第一篇〈逍遙遊〉，第二篇就是〈齊物論〉）。齊物論的讀法無論是「齊」物論，或是「齊物」論，其實都有相同深度的瞭解，都是在「道」的運作中，所有的對立、矛盾、荒謬、相反，都能和諧統一起來。人能以自然、無爲的心境面對一切橫逆，也就能保持內心的安寧；一個人能夠逍遙，與造物者遊，也就能與道合一。在與道合一的境界中，所有的煩惱、荒謬、矛盾的心情，都會被淨化。

道家心境所面對的一切，都是「道」通爲一的對象，唯有在人心中有執著時，才會認爲有相反、有對立、有矛盾、有疏離；一旦人心超脫俗念，這一切對立也就化爲無形了，都被「道」所消融了。

儒家道德情操中，很重要的一點是憂患意識，是有爲的「勤儉致富」，是擔心自己的進德修業，是要在各種分位上「正名」；而道家認爲這一切都可以「存而不論」，都像自然一樣地運作，不執著，不做作，沒有成敗得失之心，這樣才算是完美的人格，也就是至人、神人、眞人。這些完美的人性在《列子》書中的表達，也就是擺脫所有束縛的神仙，不再受任何人間世的限制；尤其超脫所有限制中最大的限制——死亡。神仙觀念的塑造，以及神仙特性的描述，其實都是「休閒」生活的絕對化，勞碌命的解脫，物質生活的超越。

如何能在儒家「勤勞」的傳統中，如何能在科技「繁忙」中，保有寧靜的心靈，而能在工作之餘將養自身的疲勞，迎接再來的挑戰，的確是現代人應該有的智慧，也是現代人生活的必需條件。

在這裡，我們先看看現代人的休閒生活，看看他們在如何辛勞地工作，又如何得到休閒；最後再看看道家在這方面的智慧，是否可提供一些指點，讓我們不但工作得愉快，而休閒也很放心。

貳、現代人的休閒生活

一

尤其是公教人員，都會有一種「工作分配不均」的感覺，可不是嗎？有的工作每天八小時做不完，有的工作只要幾分鐘就沒事了！有的人整天忙到晚，有的人整年無所事事；更有甚者，有人休閒時還得工作，有的人則在工作時亦在休閒。眞的，有人做死，有人閒死！

剛才做的兩個比方，去旅遊的老太太根本沒有休閒，她是在工作，而且比平日在家時的工作更繁重。前面的那一群年輕人，他們在休閒時亦不得清閒，而是在勞累自已。這也就是休閒生活所面臨的二重困境：一種是傳統的「勤勞」美德，另一種則是科技宰制下的生活模式。

目前的社會生活，爲大多數的人在星期制的情況下，每天作息時間的分配大致如下：工作八小時，睡眠八小時，剩下的八小時包括吃飯、交際、休閒。但在星期制度下，每週工作五天半，剩下一天半是休閒的時間，如果每週以四十四小時的工作時間來算，睡眠又用去五十六小時，剩下的六十八小時，除了吃飯之外，都算是自由時間，可以休閒，可以做一些工作之外的工作。

尤其是週末的時間，很多人把休閒和娛樂混在一起，以爲休閒就必需有娛樂。其實休閒與娛樂並不等同，甚至可以是完全不同的兩回事。休閒當然可以有娛樂，娛樂中亦可以得到休閒的效果；但是，亦可能娛樂反而使人更勞累，而休閒以娛樂來開始並結束時，完全失去了休閒的作用。亦有人認爲休閒就應該無所事事，甚至坐著發獃；其實無所事事並不是休閒，而是空閒；空閒總會使人覺得無聊；但是，休閒則是內心的將養，把疲勞恢復過來，更有精神去面對下一波的工作。

休閒不等於娛樂的觀念非常重要，放假日，或是下了班，就去吃館子、看電影（沒有電視的時代）；有了電視之後，每天除了八小時工作，八小時睡眠之外，現代人花多少時間在電視機面前？是否從下午五時到凌晨一時，亦是八小時？這種三八制的生活未免太充實了，把每天二十四小時全都佔光。

當代地域的劃分，鄰里功能未能彰顯（除了調查人口之外，沒有鄰里的社區功能）。因爲左鄰右舍互相認識的人們沒有共同的休閒場所，於是，在商業社會中，腦筋動得最快的人當然是商人；於是，城市中心就會興起各式各樣的「休閒中心」，大多目的是爲了賺錢，而付出極少的成本，卻昂貴的消費。不正當的行業也因此產生：在商業區內（不是在社區，如果在社區，所招來的客人亦非本社區的），因爲人際關係的陌生，因而也減少了社會控制的功能，而增加了罪惡發生的可能性。

在經濟掛帥的時代裡，公共休閒活動的場所總是趕不上需求，而私人的俱樂部一類的機構，又不容易管轄，在「飽食思淫慾」的情形下，「休閒」活動變成了變相的行業者不在少數。當然，像大型體育場的興建，郊遊活動的舉辦，或似救國團寒暑假的青年活動，都是很好的措施。不過，社區發展成的、非陌生人聚集的休閒中心，畢竟才是全面的、根本的解決之道。西方密集的教堂，原就是休閒期間群眾集會的地方。我國沒有制度宗教，尚無法以社區的方式，補滿星期假日的空白時間。

二、休閒的意義

西方的星期制原初的「六天工作，休息一天」的原義，消極上是免除「勞力」的工作；基督宗教在初世紀時所推行的，是奴隸們的福音；因爲從此，奴隸們辛勤工作六天之後，第七天就可以名正言順地休息，這亦是基督宗教做到了「解放奴隸」的初衷。

今天，奴隸制度不復存在，但是人們常會奴役自己，無止境的工作；尤其是我們中國人，就是閒不下來，眞是要做到「躺在棺材中」才算休息；休閒的意義，也就是要自動自發地在繁忙的工作之後，獲得適當的休息。這休息當然不是空閒，更不是無所事事，而是依照自己的興趣，做一些不屬於職業的事，所謂「散散心」，把一星期天天都在擔心的事放下，依興趣做些別的事。也就因此，有的人休閒就是看看書（念書人總不該把看書當休閒），有些人休閒就是去爬山，有些人去打球（職業的球員休閒就不該去打球）。反正，在自己職業工作之外的工作，都可列入休閒活動，像種種花、澆澆水（園丁的休閒活動也就不是種花澆水）。在這裡，我們可以提供一些休閒的意義。

㈠休閒不是靜止不動：因爲生命是「動」的，不是靜止的，人生也就一直在「動」中：勞力的人可以把「動動腦」作爲休閒，而勞心的人可能就必須以勞動作爲休閒。

前面做的比方中，如果那位老太太肯放下手中的大包小包，而與兒孫們同樂，才算是休閒；在那裡打點他們的餐飲，要比在家還要勞累。青年人如果能暫時放下四聲道，走向原野、森林、水邊，聽那鳥叫、蟬鳴、水聲，不是更好的休閒活動？

㈡休閒不是空閒，無所事事。因爲無所事事不但會止息人的肉體生命，同時更會斷送人的精神生命。腦筋的停滯對一個人的生命而言，比什麼疾病都可怕。生命的基本現象是「活動」，而且是內部和外顯的新陳代謝作用；沒有了活動，生命就止息。休息不是空閒，是很重要的休閒原則。當然，有的時候把腦筋放鬆，把心情放鬆，讓它們與自然的景物接觸，以美感的生活隨遇而安，表面看是空閒，事實上卻充滿樂趣的。看萬事萬物都在發現它們的「美」與「善」，是休閒生活的基本條件，也是眞正休閒的心理準備。那些無法隨時隨地都接觸到美善的人，是無法眞正享受到休閒的；因爲他們的心靈太執著於修爲，目的性的生命扼殺了所有生命超越的可能性。

㈢休閒＝休息＝爲走更長的路：當代人對休閒的諸多誤解之一是：放假了，要好好玩一番，打個通霄的痲將，或是來個夜遊，不然就是狂歡一番。尤其像聯考制度下的青少年，總想一次就完全補償幾年來的寒窗苦讀，把幾年來的所有壓迫感都宣洩在一次的放鬆之中。當然，精神的長久壓迫，是需要放鬆；但是，因爲壓迫是漸進的，放鬆也得是漸進的，否則一鬆一緊之間的張力不平衡，對身心都不會有益。

㈣休閒是心靈狀態的平衡，擺脫各種壓力。用的方法是：離開日常工作場所，放鬆心情。就如：剛考完，就逛書城，或進圖書館，大概都會被認爲神經有問題；或者，勞動的人一放假，就回家整理庭院，也是不智之舉。反過來，腦力勞動的人，儘可能用點勞力的事，舒鬆筋骨，出出汗；而體力勞動者去看看畫展，聽聽音樂，亦都是心理平衡的方案。人本來就是有靈有肉，二方面平衡發展才是健康的生活，健康的生命。腦力勞動的人，最容易錯變成文弱書生，弱不禁風；而體力勞動者則粗里粗氣，沒有斯文氣質；其實，文人如果缺乏強壯的身體，其學術生命也是難以維持的；同樣，粗人如果生活粗俗，也不會有很多的生活情趣。沒有制度宗教的地區，體力勞動的人就少有機會穿戴整齊，過一種紳士似的片刻生活。

休閒的理解和誤解，事先的批判可能都會失之有偏，最可靠亦是最好的標準是事後的結果。休閒之後覺得身心都能繼續回到工作崗位，亦即是說：休閒等於是暫時停止工作，但卻爲工作做準備；休閒之後，工作起來就更得心應手；這樣，才眞正達到了休閒的目的，也眞正理解到休閒的眞義。反過來，如果休閒之後，回到工作崗位，而無法專心工作；或者，根本無力工作；這樣，就可指證出，選擇了不正常的休閒活動。

因此，休閒得體與否的標準，不在休閒本身，而是在工作的效率。休閒之後，更有精神、更有體力工作，才是眞正發揮了休閒的作用；而不是隨著休閒而來的，是中風、血壓升高、脾氣暴躁。在當代社會中，常會遇到處理公事的人對你莫名其妙地生氣；他或她很可能把週末不順心的事，在星期一上班時，發洩在洽公的外人身上。

三、現代人休閒生活的兩面

㈠平衡工作的壓力：工商業社會中，事業的繁多數不清，休閒的方式也五花八門，種類繁多。商業文化中，有不少的休閒中心，由商人提供給「一寸光陰一寸金」的現代人。休閒中心可以使人忘卻心中的緊張，而獲得心靈的暫時休息和寧靜。但是，工商業社會的形態，除了制度式的休閒之外，接近大自然，去遊山玩水也不失爲更好的休閒活動。

筆者在歐洲留學的體驗可以在這裡提供出來，給大家參考：學校上課和休息時間，劃分得相當清楚：一星期中星期一、二、四、五全天上課，星期三、六下午休息，通常是郊遊活動。星期天當然是假日，更是戶外運動的日子。於是，學期中都是上課三天半，休息半天；二次輪流之後，到星期天休息一天。整個學期都如此這般運作。年中有長的暑假，還有復活假和聖誕假（包括年假）。絕不會遇到什麼節日，學期中有放假、補假、停課的情形。（我們國內由於制度奇特，有中國固有的慶節，有西洋的星期制，又有政治人物的生卒日期等等，不一而足；更有甚者，如果節日那天剛好遇到星期天，則星期一又要補假。筆者剛回國那二年，有二學期在輔大兼課，課程排到星期一，一學期中有五次停課。試想，教育法實施細節中，如果有同學一學期缺課三分之一，就不准參加考試，現在，學校本身一學期停課五次，超過了三分之一，要怎末辦？）

剛到奧地利時，最不習慣的就是：考試前一天，除非醫生證明生病，不可以留在學校，一定得去郊遊，郊遊時不可以帶書去念，和我在臺大時「最後衝刺」的精神相反。可是，當地同學則認為，這是好方法：考前一天讓腦筋休息，郊遊回來，洗個澡，睡一覺，第二天會把以前念好的東西都會想起來！

如此的工作和休閒的分配，以及瞭解到二者相互間的作用！

(二)休閒的誤解：前面在定位「休閒」概念時，已或多或少地論及休閒時的錯誤觀念，如今再深一層去瞭解：

⑴家文化中心的遺毒：在社會生活中，常可聽到某人爲自己子女找個輕鬆的職位；尤其是溺愛子女的父母，總設法透過各種關係，找到薪水高、工作輕鬆的職位；而這些閒職是：上班時沒事做，可以看報、喝茶、聊天，隨便混日子，甚至還有許多升遷的機會。

這是把工作看成休閒，而且以工作爲無所事事，生活輕鬆，工作輕鬆。可是，這也正是癱瘓自己的生命力，扼殺創生能力的危機。因爲，不努力可以享受成果，不工作就有飯吃的特權，只有權利沒有義務的作法。這樣的人，能用什麼理由說自己的個別性是「頂天立地」，而群體性又是「出人頭地」？

⑵把休閒作爲享受的機會：前面提及的中華文化源自黃河流域的農業，沒有像西洋的星期制假日，在農忙時，雖亦有初一、十五的小慶典，但多用來大吃一頓，一來符合貧窮生活的需要，二來也確認「民以食爲天」的理解。吃的文化到今天爲止，還是休閒生活最大宗的事。假日上館子的人也許眞比外出郊遊的人多。當然，貧窮時吃飽一餐不是易事；可是，在這個高血壓、膽固醇高、肥胖症的時代，仍然把飲食作爲工作之外的休閒，也許就不太正確了。

把休閒作爲享受，或把享受作爲休閒，固無不可，但把飲食作爲休閒，也許有害健康。

⑶把休閒轉換成工作：這可在再開始工作時的勞累看到。這也是利用工作之後，做更粗重的工作之故。通常這情形發生在公務人員身上較多。在工作時是做公家的工作，未必盡全力去做，下班回家，或是放假日子，則做自己的事，拼全力以赴；不但失去了休閒的機會，同時亦有損於

職業上的工作。公私的混同，通常是社會發展的障礙。

叁、道家與現代人的休閒生活

前面提出的休閒生活的誤解，首先就是中華傳統文化中「閒不下來」的勞碌命，而從這種「勤勞」為高尚德目的理念中，不勤勞就變成違反道德的事，「遊手好閒」的指摘，似乎沒有顧及到作息時間分配的智慧。

本來，農村文化中，勤勞的習性完全展現在農忙的時刻，但是，農業的農忙過去之後，總有一段與民間慶典結合的休閒生活。上面提及過的，西洋的科技進入之後，連這閒暇的季節也被剝奪了，工業社會的一貫作業，根本就不管天候，而是一年四季都有機器在運轉，一天廿四小時都有工作可做。這樣，「勤勞」的意義改變了，但是「勤勞」的習性卻沒有改變。這樣，受中華文化，尤其是儒家的「勤勞」文化影響下的東亞五條龍，亦都在「勤勞」美德下，獲得了全世界的讚美。

獲得了全世界、全人類的讚美，可是自己卻迷失了！迷失在日以繼夜地「勤勞」工作，迷失在心靈沒有一刻安閒，好來反省自己工作的意義，生命的意義。

「中華傳統文化中，勞力者由於「勤儉持家」以及「勤儉致富」的教訓，變成「勞碌命」。這

「勞碌命」就是閒不下來;在農業社會中還有一些時日清閒一下,但是,工商業一進入,就連白天黑夜、春夏秋冬都一樣工作了!

對知識分子而言,亦卽對士大夫階級而言,雖然沒有勞力的工作負擔,但是,其憂國憂民的「憂患意識」,或是「憐憫衆生」的心境,也一樣靜不下來,心靈的壓力並沒有給予休閒的條件。無論是儒家的「憂患」,或是佛家的「慈悲」,似乎都在綳緊了心靈,過著「苦難」的生活。尤其像「先天下之憂而憂,後天下之樂而樂」的心境,塵世間原就充滿著痛苦的,那來快樂和幸福!

上面的兩種心境,其實都應該由道家的「無爲」理念來化解。「憂患」的心境是否於事無補?同情心之外是否有更好的方法?在「道通爲一」的萬物一體的感受中,每一心靈的寧靜,是否也意味著整體宇宙的寧靜?其中任何心靈的不安是否也在破壞著整體宇宙的安寧?萬物一體觀的理解,也許正是消除內心煩惱的良方。

西哲叔本華,早年也一直被內心的自私、妬忌,以及惡意所困擾,但是,有了「萬物一體」的信念後,才意識到任何心靈的惡意,只會損害到自己,而且亦會破壞這一體圓融的境界,因而用善意來統御一切,而獲得心靈的平安。

現代人如何先在內心製造寧靜的心境,不急躁,不緊張,以平常心來處理所有發生的事情,才是智者的選擇。而在具體生活中,何時工作,何時休閒,也是智慧的考驗。如何工作?如何以輕鬆的心境，但仍努力專心的工作？以及如何放鬆心情休息，盡情地休閒，則更是人生智慧的考驗。在道家深沈的智慧中，無論像儒家的憂患意識，或是佛教的慈悲關懷，都是「有所爲」「有執著」的方式，都不是頂好的休閒環境；主要的是因爲心境受到了束縛，而無法自由自在。道家心目中，唯有心靈的徹底自由自在，才足以眞正享有休閒的全燔意義。

當然，這徹底自由的描述，像《列子》的神仙，華胥氏之國中的國民，或是列姑射山的居民，是可遇不可求的，並不是用什麼仙丹，或是長生不老藥來改變體質，就可抵達的；但是，自然界所給予的環境，的確有很大的助力。就如日出而作，日入而息的作息分配。當然，能夠發明窗帘，讓白天的陽光不要透進屋內，使屋內仍然像黑夜；或者，發明日光燈，好使太陽下山之後，外面一片漆黑，但在室內仍然如同白晝，這顯然是人類智慧的產品，也足以證明人文世界的「人定勝天」，或是「人是世界的主人」。可是，是否把白天變成了黑夜，人就有較多休閒的時間？或者把黑夜變成了白天，人們就有更多工作的時間，卽眞的做出更多工作？

自然界所劃分的作息時間：「日出而作，日入而息」具有較高的智慧呢？或是改變白天黑夜的順序，或是改變它們彼此分配的分量，才算是智慧的成果？

道家的答案傾向於：順著自然才是智慧的選擇；過分的人爲是會破壞宇宙的整體性的。這點，我們在前一講的〈道家與現代人的科技發展〉中，已經有足夠的分析。

如果作息二者都是人本性的需求，則二者的分配時間的確是件必需的事：自然界的劃分，可能不是最好的，但一定是最基本的（這基本的意義就是：人類一定得工作，但亦得休息）。這基本與更好之間是有相互密切的關係的。最淺顯的一個比方就是：人的兩條腿永遠是最基本的交通工具，它們當然不是好的交通工具。也就因此，人類智慧的突現，在這方面也就在於：發明比腿更快的東西，來取代步行。但是，如果因爲買了直昇機（很好的交通工具），而把兩條腿鋸掉，那就是愚不可及的行爲了。同樣的，大自然所給予的作息時間表也是最根本的，當然可能爲某些特定工作的人，不是最好的；但原則仍是，可以增加，但永遠不能廢除。

儘量符合自然，順應自然去生活，應當是最健康，也是最好的作息分配。生命本身雖然一直在脈動，但亦在動與動之間保有休閒的空間。希伯來人的作息分配的智慧，幾千年來，都遵行著六天工作，休息一天的制度，後來由制度的基督宗教所承傳並發揚，雖然其用的理由是宗教的，甚至是教條的，但是，其理性的成分，或是自然的成分並不可抹殺。

下面幾條思路，可以提供道家的智慧，如何在現代人的休閒生活中，仍然可以運作。尤其是面對「不知休息」的勤勞傳統，以及科技帶來的繁忙環境：

一、身心調適

《道德經》第二十五章所啓示的：「人法地，地法天，天法道，道法自然。」是一個宇宙觀以及整體宇宙脈動的體系。道在運作宇宙的脈動，而這脈動又是自然的。這自然概念就與無爲概念相貫通，成爲「道常無爲」，但是接下來的卻是「無不爲」，而成了在知識論上非常吊詭的「道常無爲而無不爲」。這樣，心靈生命因爲順應著自然，與道合一，讓道去運作，把人生的成敗得失都交付到道手中，自己反而沒有執著，也可以化解憂患的心境，同時，在繁忙中，心如止水。

身心的調適，主要的也就在於保持心靈的寧靜，外表在加緊工作時，可以有急速的行爲，可是內心則是保持平靜的。在這平靜中，才有時間去體悟「物我相忘」以及「道通爲一」的原理。本來，心靈的安寧是在不受外界環境的困擾，心靈自己能夠成爲自己的主人，回到內心，在內心與自己相遇，也就會發現，那些功名利祿、權位等等，都是外在附加的，縱使獲得了全世界，但若自己迷失了，又有什麼好處呢？

道家「否定詞」的理解，以「無爲」的執著，事實上則是讓道在運作，道在人心內「無不爲」。

道的外顯和降凡，使原本不可見的道成爲可見的萬物，這原就是道本身的超越性與內存性；超越世界是一方面，另方面又內存於世界中。以這種超越和內存的雙重性格來瞭解「道生萬物」，以及「萬物回歸道」的動態宇宙，用類比的方式也就可以在「道」的宇宙觀內，去安排人生。這安排人生的方式就是：人本身的結構不也是由看不見的精神，與看得見的肉體結合而成的嗎？人本身的超越能力以及其內存性格，顯然就是「道與世界」的縮影；人本身就是道所生，也是道呈現在世界中的代表。人性因爲在自然中，它亦是自然的一部分；但是，卻由於各種人文，而能超越自然。這末一來，「道」在萬物的運作，與人生在自然界的運作，如果與道的運作相符，豈不也是替天行道的行爲？身心調適基本上還是「道與物」的調適濃縮。因此，道、萬物、人三者的關係的釐清和瞭解，實在是人生作息的思想基礎。

在「道生萬物」的第一度理解，三者間的關係是：

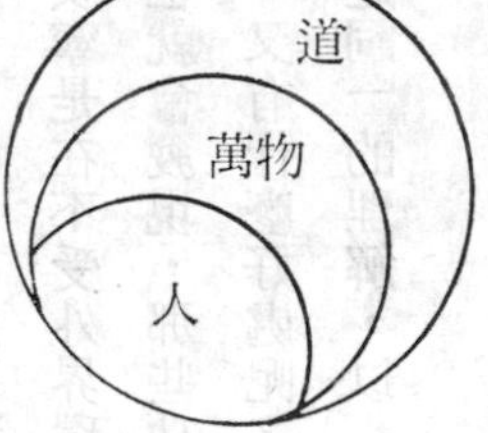

道生了萬物，萬物並沒有脫離道而獨立存在，萬物仍然在道之內；萬物中出現了人類，同樣，人類也不是獨立於萬物，而仍然是在萬物之內。於是，人在道之中也就成爲必然的結論。

第二重的理解則是「人」的問題，因爲人本身固然有類似於萬物的肉體，有物質性；但在另一方面的精神性，卻似乎是道的特性，因而人的「頂天立地」的性格，也就在分受道與萬物的情況中突現：

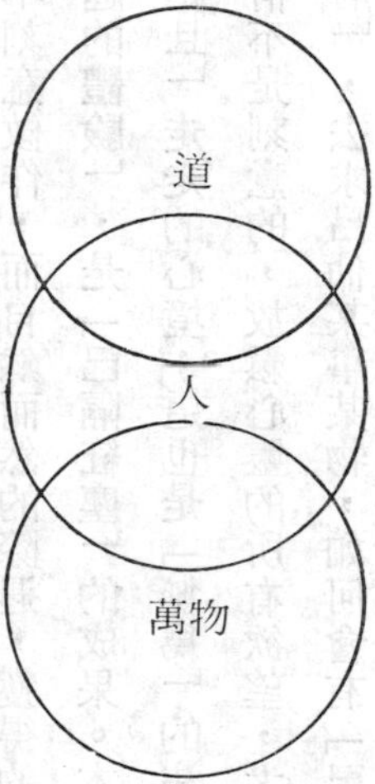

「人」是貫通道與萬物的，「與道合一」以及「物我相忘」，原就是道家至人、眞人、神人的寫照。

從上面三個圖表看來，人生的各種運作，包括工作和休閒，都有著雙重的責任，那就是引導萬物回歸道，以及讓道在萬物中運作。人的「頂天立地」的性格，也就在完成自己個別性與獨立性時，呈現出來。

當然，人的這獨立性，可以從《道德經》的「獨白」文體中獲得驗證。同時的確也可以在《道德經》五千言中，出現了二十五詞次的吾、予、聖人、我等第一人稱代名詞，但卻沒有任何一個「你」或「他」出現，這也說明「民至老死，不相往來」（《道德經》第八十章）的涵義。

但是，莊子卻似乎對「獨」有更深的瞭解，那就是「獨與天地精神往來，獨與外死生無終始者爲友」（《莊子・天下》）。這也就正是說明至人、神人、眞人與道合一的理解，以及如何導引萬物回歸道的原理。

二、悠閒的心情

在現代科技文明的時代，一切都講求速度、講求效率的時刻，外面的世界，的確熙熙嚷嚷，不但城市中車水馬龍，鄉間原是幽靜之地也被建設成人文氣息，四聲道的喇叭到處聽得到，就是最鄉下的住家，電視也把城市的繁華，傳進了客廳，不管是受歡迎之客，或是不速之客。道家把道形容成「水」，形容成「嬰兒」，目的都是在各種境遇中，都能保持心靈的純眞。

在遊山玩水的休閒活動中，我曾經多次接觸到一副對聯，眞是心靈生命的描繪。指南宮雖供奉著呂洞賓的神像，但石階下的那副「且拾級直參紫府，乍回頭已隔紅塵」對聯，的確把「無爲」「自然」的神韻表現出來了。其中尤其開頭的「且」以及「乍」的用法，更是入木三分。「且」的意義本來就不是執著，不是刻意去做作任何一種事，而是興之所至，順著時空的心靈情景，而去向石階，但是下聯的「乍」本身亦是不期而遇的，亦是無意識、無預見的一種頓悟。這種順其自然，不刻意做作，而自然而然的際遇，獲得的「悟」，也是心靈在休閒生活中所得，而得到的是「超越的體驗」，是「已隔紅塵」的成果。本來「拾級直參紫府」亦非刻意安排，只是閒來無事，「姑且」走走的心境；這也是「無爲」的注解。

休閒的心情不是刻意的，放鬆心靈的所有欲望，尤其放下所有煩心之事。如果心事重重，去「拾級直參紫府」，去求呂仙某事某物，如何會有「已隔紅塵」的成果呢？

十幾年前小孩子還小的時候，每次要帶他們出去，尤其是假日出去郊遊，或是兒童樂園或是動物園什麼的，都會有「嬰兒」的領悟；因爲，大人們總會算計，要玩一樣遊戲，要排多久的隊，是否划得來，等等非常現實的問題，而無法完全放鬆心情去玩；不是說：「玩太空飛車才五分鐘，但要排隊半個小時，多划不來！」就是覺得玩這種遊戲要花多少錢，拿同樣的錢可以玩別的更好的，等等理由，把非常功利的思想，摻雜在休閒的領域中，這種「揉合」的作法，眞的「分裂」了休閒的境界。小孩子就不同，他們的天眞性格尙未受到成熟或是老謀深算的污染，只要一曉得要出去玩，心胸馬上就已經開始了休閒的活動，無論是穿鞋子，拿外套，等公車，擠公車，排隊買門票，再排隊等著玩，全部過程都算在休閒中，整個的人都在休閒。小孩子的看法是整體的，他們並不會計較，究竟「玩」了多少時候，而路上又「躭擱」了多少時候。沒有這種「分裂」的天眞也眞是人生幸福的寫照。

人類都有同樣的命運，要成長，但同時又得付出天眞。尤其在人文發展到某一程度之後，許多名爲知識的東西，竟然都在污染或是毒害我們的心靈。就如，一般的知識學習過程，本身就在誤導人們的思想。這裡有兩個比方，可以加深這種想法：

其一是：問及爲什麼美國人在攪咖啡時把茶匙順時鐘的方向，而英國人則逆時鐘的方向，至於德國人則是一勺勺地撈起再放下。這問題之所以誤導，是因爲一開始就以「分」的方式，要導引人向著「相異」處去尋求答案。知識分子遇到這類問題，馬上會絞盡腦汁，去審查美國人、英國人、德國人相互之間生活習慣的不同，好來回答他們用茶匙的不同習慣。實則，答案卻不是「差異性」，而是「共同性」，他們都在設法使糖溶得快一點。

為何人們會從「相異性」開始呢？這不能不說出題目的人，故意突現出差異，而問及「為何差異？」的誤導。

再來一個是：一共有三個正常的人站在一起，參加酒會，但是數來數去只有五隻腳，為什麼？像這樣的問題也屬於誤導問題的一種。為什麼呢？因為在數學或一般的生活規範上，「三個正常的人」的表出，以及那句「一共五條腿」的語言，都為眞；但是，相互間卻成了對立的，矛盾的。人們就很喜歡在困難中尋找和諧點；於是亦會想盡方法去解釋，究竟三個人和五條腿如何並存。事實上，答案只能是「數錯！」因為已經有的條件是「三個正常的人」，那末，腿的數目應是六條；現在卻數著只有五條，唯一的解答就是「數錯」。「數錯」原是人間世常有的事，為何在智慧問答中不會出現，亦不可以出現呢？這豈不是「完美主義」理想在作祟嗎？

人為的思想模式，常使吾人偏離了正道而不自知。過分強調「理性」的功能，反而喪失了自然的天眞。在這裡理性的過度膨脹自己，就好像有不少人以為陽光普照時，人們就可以看見世界的眞象，而黑暗籠罩時，就看不到眞象了。其實在道家的智慧中，並非如此。如果我們現在再問，陽光普照時吾人所見到的天空是眞象呢？或是太陽已下山休息，黑夜正濃時，我們才眞的見到宇宙的眞象？其實，我們都知道，陽光普照，只是讓我們見到身邊的事物；而黑夜來臨時，才眞的見到天空的眞象，那就是滿天星斗。白天，當太陽照耀時，我們所見到的天空是深邃的，蔚藍的，但那卻不是宇宙的眞象。因爲宇宙的眞象是，天空中到處都掛滿著星星。

吾人所認爲的理性，或是成長，或是理性時代，在道家看來是短視的，就如陽光在照耀世界時一樣；但是，熄滅理性，回歸自然，則正如同黑夜，沒有別的光芒來掩蓋眞象，因而能直接接觸到眞實。

道的自然，反對人爲，也就等於反對人手中拿著蠟燭，去尋找太陽，一樣的智慧。

三、回歸內心

因此，休閒的生活最重要的不但是放下手邊的工作，尤其是放下職業的工作；這放下工作只是休閒的必需條件，可不是充足條件。要能達到休閒的效果，心靈的悠閒是決定的因素。因而，回歸內心，在自己內心建立起不急躁、不著急的情景，是重要的步趨。在生活忙碌時，尤其是在趕時間時，又遭逢交通阻塞，人情就很容易外馳，隨著時間的流逝，而開始著急起來。道家能提出來的問題是：著急有用嗎？如果著急就足以解決問題的話，那當然就著急好了。但是，事實上著急於事無補，反而有損自己的情緒，對事情不但沒有幫助，或許還會加重其困難。其實，在這種情形下，當然首先設法找到解決的方法，一旦眞的無計可施時，就不妨利用「等待」的空間，來將養自己的疲勞；這本是額外的休閒時間，本是可遇不可求的，應該善加利用。閉起眼睛，回歸心內，尋找自己，把自己當作是交往的對象，在這個「與自己交往」，或是「與自己交談」中，把原來相對的「我」變成了絕對的「我」。原來，我的主體性，並非因爲在知識上或是在道德上，「我」是主體，而是因爲在「我與自己」的交往中，尋找到自己的存在，而且領悟到自己這個主體，如何去思考、去面對當前的問題，甚至，嚴肅地詢及自己的人生意義問題，亦都算是暫時離開繁忙的事務，而以休閒的心情在內心與自己交往、與自己閒話家常。

在「自己是自己的主人」的回歸內心行動中，才眞正成爲自己的主體，亦才眞正做到主體性的積極意義；像這一類的思考內容，像這一類的際遇，通常亦是可遇而不可求的。相信命運的話，也可以覺得這是運氣，這是好機會，除了整日忙著外馳之外，尙有機會內向，而肯定和認同自己的存在。

記得看過一則漫畫，畫中一位母親與兒子玩紅蕃遊戲，兒子扮紅蕃，一箭把扮官兵的媽媽射倒，這位媽媽就躺在地上裝死，鄰居的太太來訪，問她爲什麼非裝死不可，是否太寵愛小孩了。母親的答案非常有智慧：「你不知道，這是我唯一可以休息的時候！」在繁忙中找機會休閒，而且回到內心，也的確是件有益身心的事。

在道家思想體系中，回歸內心，是精神修養的重點所在，在下篇〈道家與現代人的心靈修養〉中，會再次深入討論。在這裡我們只要稍爲觸及莊子的「心齋」和「坐忘」，就足以瞭解一個人，如何回歸內心，而先是擺脫對人間世功名利祿的追求，繼則對仁義道德禮樂的不執著，最後連自己本身的存在也放入括弧，存而不論，以眞正的「無爲」的心靈，來回應「道體」的本質。當然，無論是人本身修養的努力也好，或是人間世所有榮華富貴的追求也好，原都是道在宇宙中「無不爲」的運作。《道德經》第三十七章的「道常無爲而無不爲」的精義，也的確唯有一個人，回歸內心之後，才能理解到其中二者的分野，同時亦窺見其中的和諧和共存。可不是嗎？「道本身」以其「道體」來看，原就是「無」，而由這「無」發展成的所有行爲，在道的領域看來，都是「無爲」；但是，站在天下萬物的角度來看時，一切的千變萬化，生生不息，不都又是所有「道用」的呈現，而且是「無不爲」的最高境界。這樣，道的「自然」狀態本身是「無爲」的，是休閒狀態的；但是，其呈現在宇宙萬物中，卻是「無不爲」的，是永恒的工作狀態。

能瞭解到「道常無爲而無不爲」，則會領悟到作息的分際，同時亦會找出並存之道：無論在工作，無論在休息，都是「效法道」的行止。

「道」的行止，在道家原始的意義上，就「道」概念本身，在甲骨文中，是「衜」，是「行」字中間有「首」；而《說文解字》對「行」的理解則是「彳行亍止」。這樣，「道」的字義也就充滿著「知道行止」的涵義。

「知道行止」不就是指向能理性地作息？把作息分配得當？卽不致於「做死」？或是「閒死」？

四、回歸自然

前面的回歸內心，有時不見得會完全理解道家的精神，因爲凡是屬於「靈修」生活的宗教，或是道德形上學的內涵，都會觸及「回歸內心」的問題；就連當代的心理學，也發現回歸內心是自我肯定，以及自我認同，不使自己疏離的良方。在道家回歸內心的理解中，並不是要肯定自己，或是尋找自己，而是相反，要忘記自己，使自己不再固執著自己的存在。這種「忘我」的方式在莊子哲學中，就叫做「心齋」和「坐忘」。這樣，回歸內心也就完全等於「回歸自然」，亦卽是無爲的「自然」。「道法自然」的理解，能給人理解到道的本體的「無」，以及其本身行動的「無爲」，而這行動的成果則成了天地萬物。道本身的最終實體是「無」，而其要回歸的目標也是「無」，卽是「道法自然」。「自然」的意義因而也就成爲與「無爲」並列的概念，而且，回歸自然，亦卽在行爲上的「無爲」，而且是道本身行爲的「無爲」。

「無爲」的本體意義，是「無」的行爲，是「道」的運作，人心中的回歸自然，與回歸道是二而一的。「心齋」和「坐忘」的基本始點，是要忘記各種功名利祿，繼則各種道德名目，也卽是內心擺脫外來的以及內在的束縛，要達到完全自由自在的境界，這境界也就是自然的境界。

因而，回歸自然的第一種成果就是心平氣和，心中不亂。一來不會過分緊張，不會像道學者，兢兢業業地生活，不像完美主義者，只求在生活中不要犯錯。老子的「不尙賢，使民不爭；

不貴難得之貨，使民不爲盜；不見可欲，使民心不亂」（《道德經》第三章）。這心不亂才是心靈生活的基本條件，也是休閒生活的預期目標。二來心不亂也不會使人過分悠閒，無所事事，然後變成絕對的自由主義者，演變成「我要做什麼就做什麼」的放任思想。

太認真和太隨便都不是休閒生活的典範，因爲二者都無法使心靈抵達自由自在之境，也就是無法回歸自然。

生活中一方面走回內心，一方面走回自然狀態，才眞正能夠完成人的個別性以及群體性。個別性的頂天立地，因爲是效法道的無爲和自然；群體性的兼善天下，因爲個人的完美畢竟是社會的組成分子。

「心不亂」的道家生活，與儒家或佛家的「心不驚」有異曲同工之妙，無論是心中的「貪」使心亂，或者是做了虧心事而造成心驚，都是道德生活的規範課題；也就因此，心靈的修養也必然是回歸內心，以及回歸自然互爲因果關係的事。心靈修養的課題，我們留待下一講；今天所看重的，就是道家所強調的自然，以及儒家所強調的德行，其實都是同樣的回歸內心的進路；當然，儒家所採取的積極修持，與道家所用的消極概念，有所不同，但基本上的內容，都在注重「修」，則是完全相同的。

透過心性的修爲，回歸內心，回歸自然，回歸道，而達到「與造物者遊」，以及體悟出「天地與我並生，萬物與我爲一」的「物我相忘」境界，原就是道家生命哲學的高峯，把這高峯落實在休閒生活時，道的「無爲」和「無不爲」的體用，都可以展現在人的生命中，成爲指導原則。

五、要能安心休閒，先要做好工作

前面把休閒和工作二者都放在道德課題的尺度上去衡量，是指出二者在定位上的分量，而二者互相的關係，則應是相輔相成的。安心休閒與心安理得有密切的因果關係。做好了事情，盡好了責任，自然心安理得。在「鬆下一口氣」的心情中休閒，自然就自由自在。休閒生活最怕就是坐在那裡等時間的流逝；很容易遇到一些業績不太好的機關或公司行號，本來是上班時間了，人們都姍姍來遲；還沒到下班時刻，就在整理行囊，準備離開；洽公的人如果在下班前最後一刻才到，準會受到白眼的待遇。這種工作的態度如何能導引出正確的休閒生活呢？因爲這樣的人如果不是好食懶做，就是很努力做私事，而怠慢公事。二者對當代社會生活都只有壞處，沒有好處。

希伯來的智慧開展出來的作息分配，〈創世紀〉的文字表達就是：上帝見所造的一切都美好，第七天就休息了。如果我們理解到西方的星期制，只是數目上的工作六天，休息一天，也許就不夠深入；而作息相互間的關係，其必需條件是工作做得完美，然後休息。

傳統社會中流行著「不工作，無飯吃」的警語，我們可以將之改成「不工作，無休息」。把今天人們理解到的「休息是爲走更長的路」，說成「休息是爲了工作」，也就更簡單明瞭了。

基督宗教在接受並承傳了希伯來的作息原理原則之後，把星期制作爲解放奴隸的方案，禁止了星期天的所有「奴役」的工作。西方奴隸制度從紀元前八世紀開始，一直到四世紀基督宗教成爲國教之後才開始瓦解，足足存在並發展了一千二百年，那些日以繼夜勞作，被剝奪自由的奴隸，原就由星期制的教規所解放，從此能名正言順的休息。他們的確做好了工作，理應獲得適當的休息。宗教的補政治的不足，以及補哲學的不足，在這裡都可以檢證出來。可不是嗎？柏拉圖生當第一百屆奥林匹克期間（生於第八十八屆，卒於第一〇八屆），曾經鼓吹正義，在其理想國中，用各種方法證明「人人平等」的命題，同時亦周遊列國，勸導各城邦要解放奴隸，以人的靈魂來自觀念界爲理由，提升人性於「頂天立地」的地位。可是言者有心，聽者無意，其理想世界終未完成，沒有城邦肯放棄奴隸制度以及殖民政策。哲學所沒有做到的，宗教補足了。基督宗教用了很短的期間，以作息的分配，化作規誡，而通行地中海沿岸，現在則傳播於全球。

西方奴隸制度下，奴隸們不甘心情願地只有工作，沒有休息，在基督宗教看來是違反人性，違反人道的，因而著手改革。在中國傳統的勤勞美德的掩護下，人們亦是日以繼夜的工作，並沒有適當的休息，以「勤儉致富」的引誘，締造了東亞四小龍，這雖然屬心甘情願，但亦不乏違反自然，違反現代人本精神。在道家的觀點下，休閒活動的提供，還是有其根本意義的。

不但是作息時間的分配重要，而是如何在工作中，尤其在繁忙的工作中，心裡保持寧靜，即是心中不亂，達到「不見可欲」的地步，而終至「民心不亂」的成果，更是當代人應有的智慧。在今天科技時代，我們是需要工作的，而且需要努力工作，使自己，以及自己所屬的社會趕上時代，不停留在落後的困難中。因而，休閒生活的意義，絕不是「不工作」，更非「遊手好閒」；而是與道降凡到萬物中一般，是「無不爲」的。但是，在繁忙的「無不爲」的適應道的運作中，內心仍然保持道的本體的「無」所發出來的活動——「無爲」。「道常無爲而無不爲」的深義，應該在作息的時間分配中，尤其是在作息的精神中看出；更應該在「休閒」生活的智慧中，體驗出來。

當代人生活智慧的訓練，也就在於第一，作息時間的正當分配；第二，工作中保持內心的安寧。

結語

從上面的探討，我們多少瞭解到吾人今天的處境，尤其是我們中國人的處境：一方面有傳統的「勤勞」美德的承傳，另方面亦有悠閒生命的情調，這「忙」與「閒」二者間的衝突和矛盾，如何可以消解？再來就是傳統農業文化雖有農忙的時刻，但總順著一年四季，而有閒暇的日子，可供享受；可是，今天西洋的科技陪伴著工商業進入到中國，使社會更加繁忙，用到「辛勤」的德行上面，中國人就更忙得不可開交了。雖然，吾人接受了西洋的星期制，法律規定了作息的時間分配；但是，事實上並非如此，商業的進行在假日要比平時更盛，而縱使公家機構，上下班時間分配仿照西洋，應爲得宜，但是，卻在下班之後，更努力去做自己的工作，說不定比正式職業還要忙碌，工作後的疲倦也隨著增加，因而也算枉用了休閒生活的美意。

道家智慧，如何在「無爲」以及「無不爲」二者的協調或和諧中，獲得休閒生活的眞義，而眞的能夠努力地工作，而且亦能安心地休息。

最後，我願意提供一點前人的智慧，來結束今天的課題：

蔣經國先生在世時，曾在生活體驗中述說了「寧靜」的意義。他舉出一幅以「寧靜」爲題的畫。畫中可不是什麼萬籟俱寂的原野或森林，也不是什麼淸澈見底的湖水，而是聲音隆隆的瀑布；在這一瀉千里的水柱旁邊，有棵小樹，小樹枝芽上有個鳥巢，而在鳥巢中有一隻熟睡的知更鳥。對小鳥來說，雖然外面聲音很吵，但心中卻非常寧靜，仍然可以安心睡覺。

在當代工商業社會吵雜的環境中，我們是否亦有像知更鳥的寧靜心境，在繁雜的社會中工作，但仍然有安靜的心靈？在工作中亦有休閒的效果。不但作息時間能分配得宜，就是在工作中，亦可以有安靜的內心。

「道常無爲」是指道體本身的運作；道是無，它的一切活動亦都是「無爲」。但是，道體欲因生生不息，降凡到人間世，使塵世成爲道運作的場地，這就是「道無所不爲」的道用。

瞭解道體和道用，也就容易進入工作與休閒的課題，而曉得如何去安排工作，同時安排休閒；使工作適度，休閒也適度。

道家與現代人的心靈修養

緒論

前面兩講：〈道家與現代人的科技發展〉，以及〈道家與現代人的休閒生活〉，前者是中華民族的生活智慧與西洋理性世界的相遇，後者則是道家的悠閒生活的境界與本土文化儒家勤勞德性的相會。二種生活情緒，希望都能夠在當代工商業社會中，相互並存，並能相輔相成，而切勿互相抵觸，乃致於擾亂了社會的安寧。

但是，塵世間的諸多相異、衝突、矛盾、相反，其實都可以用道家的「以道觀之」的高層境界，或是用「道通爲一」的結論，締造人間世的和諧、圓融。

這「以道觀之」以及「道通爲一」，基本上則又不是外在世界的規律，而是人內心的內在世界的運作。因而，無論是科技文明也好，辛勤工作的人生觀也好，到最後的處理原則和方案，都仍然是回到內心，在人的主體內去解決這些衝突，以及可能有的疏離。

這也就是「心靈修養」的課題。「心靈修養」基本上並不是那一種文化特有的性格，也不是那一種學說私有的東西，而是人性共有的課題；只要是人，只要人設法完成自己的人格，只要人想過一個屬於人性的生活，「心靈修養」都是最根本的前提。沒有心靈的修養，人性會逐漸的萎縮、凋謝，乃致於死亡。人性要發展到人格，都必需從心靈的修養開始。因此，今天的題目基本上是人類以及各種學說共同的問題，只不過用道家做尺度，來探討這問題的來龍去脈。

上次演講完了之後，有位先生在門口問我：在你演講後面提及的「知更鳥」的故事中，問題在於：如何變成知更鳥？當時我曾回答說，下次的心靈修養問題將會給予一個答案。真的，心靈一旦修養到「不動心」，不受外界環境影響時，也就像知更鳥，雖把巢建築在轟轟的瀑布旁，但仍然可以安然入睡。像知更鳥的能耐，尤其是我們身爲現代人，在工商業的周遭環境中，在吵鬧不休的時勢中，必然是很值得關心的課題。

現在我們就把講題分三部分來進入。首先是現代人的畫像，在現代人的畫像中，我們可以看見現代人不但生活忙亂，內心也跟著急躁，知識爆炸卻奪去了內心的安寧。第二部分設法指出心靈修養的兩面性：積極面心平氣和，消極面的貪念，都會加以深入探討。第三部分提出道家修養的各個層面，提供各位參考。

我們這就進入主題：

壹、現代人的畫像

我們說的現代人，也許並不全是在臺北街頭遇見的人，也不全是把滿清的辮子從後面剪掉，而把洋人的辮子（領帶）掛到前面來，也不但只生活在現代化的社會中，而是應由下面的四種鏡頭下顯示出來的畫像：

一、生活上的鏡頭

經濟上的三三制，演活了臺省社會的演變過程。在「食」的方面：四十年前，吃路邊攤算是一種生活享受，其中生活必需的招牌的確可以吸引顧客上門，那就是：飯隨便吃！二十年過去了，每個人手頭都寬鬆多了，人們開始吃小館子，一來裡面有冷氣，有熱毛巾，甚至還鋪了桌布。其菜色味道未必比路邊攤好，但價値卻高出很多，也沒有那「飯隨便吃」的牌子；可是，比較體面，還是値得。這種「食」的生活十年之後，各地與起了大飯店，不但裡面裝潢豪華，門面濶氣，就是服務生也訓練有素，衣著齊一，舉止大方，一席酒菜下來，可以吃掉一般公教人員一個月的薪水。我們問一下，是否菜的味道比路邊攤好？是否燉煮的技術比小館子到家？是否其所用的材料特製？似乎都不是！只是因爲派頭大，東西貴，服務生端東西上桌時，面堆笑容（這笑容其實都算在服務費中，顧客還是得付出代價的）。

食文化的三三制如上述，不但花費有了三級跳，就是對食的價值，從「吃以果腹」，到「味道好」，一直到「吃得豪華」，也成了三級跳。

再來是「住」的方面：四十年前，有一間違章建築住一下，下雨時不漏水，颱風時撐得住，就覺得相當滿足；房子價值五萬，就覺得稍有財產了。二十年後，各地公寓興建，五十萬元一戶的公寓才算住的舒服。再來十年，有不少的房子建造，屋裡屋外都有洗澡的地方，尤其屋外的澡盆，用水之多，你我一生都不會用那末多水，原因是：那是個游泳池。這種花園洋房別墅，才是住的理想，在臺省房子尚未飆漲時，售價已經千萬。

這種住的文化，從違章建築到公寓，再到花園洋房別墅，也是三三制的實踐。

再來是「行」的工具：四十年前大多數人還是靠最原始最基本的天生交通工具，即是兩條腿。我自已從大陸逃難到香港時，就從東江家裡走了二十一天，才走到香港。如果有人有輛腳踏車，算是有車階級，活得有點神氣了。二十年後，非要用汽油的摩托車不可。那時一輛摩托車的價錢並不便宜，因爲可以在仁愛路買下一百坪的土地。就如我在臺大念書時的民國四十七、八年，臺大旁新生南路的地是一百五十元一坪，剛好是僑生宿舍一個月的飯票錢。再過十年，摩托車已經不夠看了；雖然國內汽車工業很發達，有不少品牌在出廠，街道上馬路上也的確跑著許多國產車，但是，諸君也和我一樣，有時在十字路口等紅綠燈時，總也會眼前一亮的經驗，因為，從你面前有座房子在跑：那是一輛豪華進口轎車，十幾年前的價格剛好是一幢公寓。

「行」也走了三三制：從腳踏車到摩托車，再到小汽車，最後到進口豪華轎車。

三三制說明了人類生活的進步，同時和科技一齊高唱「人定勝天」以及肯定「人是萬物之靈」。但是，是否淪為價值體系的轉變，而有「笑貧不笑娼」的情事？把人的價值不放在「人」本身？而是放在身外之「物」上面？人性的疏離，莫過於把人性用物性來衡量、來評價。

因為，如果把「富」當作是人生的指標，而沒有把其它像德行、樂天、寬恕、慈悲等德目作為人生更重要的目標時，則人性就必然被扭曲，而且更會印證那句「人為財死，鳥為食亡」的斷言。

「人為財死」也不過對當事人的害處的表達，但是，一旦金錢變成了唯一的最高價值，則獲得金錢的各種手段，無論合法的，或是不合法的，都會在社會中呈現，那就是賭、偷、騙、搶、綁架、勒索等，擾亂著社會治安。

當前，就連小學生都知道的一則趣事，就是某位小朋友在開學日，上臺作自我介紹時，媽媽曾經囑咐他，要說家裡爸媽很窮，豈知小朋友自作聰明，為了加強自己的說詞，而說成：我爸媽很窮，司機伯伯也很窮，洗衣服和廚房工作的阿姨很窮，管理花園及游泳池的叔叔也很窮。那末多窮人聚到一齊，該夠窮了吧！有一點值得注意的，做媽媽的為什麼要自己的小孩說家裡窮？還不是爲了怕人綁架小孩！

二、政治上的自由民主

議會殿堂的表現，加上新聞媒體的助瀾，由免責權的膨脹，到名爲肢體抗爭，事實上是打架的情事，都在暴露對「自由」的誤解。他們的意思是：「自由是：我要做什麼就做什麼」，沒有人可以阻撓；再加上「民主」的誤解，以爲既由民選產生，則所有行爲都有民意基礎。

這種假民主之名，行宰制別人之實的行爲，在政治圈中形成了現代人爭名求利的清晰畫像。本來，每一個人都只是一個個別的、單獨的人；政治的原意當然是「政是眾人之事，治是管理；管理眾人之事就是政治」，但是問題的變化不在於這政治內涵，而在於爲政的態度。民意代表們所爭的，尤其是由肢體所抗爭的，果然是眾人之事？果然是依照民主的遊戲規則，爲大多數人贊同的事？

在政治場合中，現代人的人性也有被扭曲的現象，那就是「弱肉強食」的原則，聲音大、拳頭大成了眞理和公義的標準；傳統的德目像恕道、禮讓、虛心都無法再在議會殿堂內出現。弱肉強食的世界本來是獸性的；縱使進化論有根據，人性的世界早也應該擺脫了獸性的束縛，而走向人性的善良。

在政治中本來「民主」和「法治」才是一對名詞，而並非「民主」和「自由」結伴；原因是，前者可以互相制衡，而後者則可以形成放任。有制衡的社會才會顧及到多數人的利益，而放任的社會必然會使少數人宰制大多數人。

和上面三三制的經濟掛帥有同樣的困難，如果政治掛帥時把「權力」作爲政治的唯一價值。於是，民代的選舉也就成爲進身權力之途，也就因此，選舉的方式和方法也同樣落入合法也好，不合法也好，只要獲得選票才是最終目的。高喊著反暴力、反金錢介入政治，原只是政治上的口號，自欺欺人。

三、生活的競爭形成了無情世界

中華民族原有著禮讓的美德，而這美德在悠久的農業社會中，由親情和鄉情所支持，而持續了幾千年。近百年來，西洋科技的發展不但帶動了西洋，同時也把中國推進工商業的現代化之中，禮讓文化頓時失去了農村的親情和鄉情的支持，而所有陌生人的群體生活中，又被注入了工商業的競爭因素，因而人與人之間的群體關係開始了完全相反的變化。

目前的社會中，昔日的禮讓在集會中仍然可以見到不少的形像，如對話開始的問對方「貴姓？」回答的「小姓林！」雖然林姓在客觀上是大姓，但在禮讓的規範上則當自謙爲小姓。也可以聽到「府上？」的問句，以及答案的「小地方上海！」當然，照客觀事實來看，上海是大城，絕非小地方，但是，禮讓文化卻將其美化成「小地方」。其它尚有「貴庚？」「虛度七十！」的對話方式，在在都說明禮的文化的確是「人文化成」，而不是純樸的自然景象。

但是，曾幾何時，許許多多的競爭，終於發生在城市中，陌生人彼此間再也沒有「讓步」的習慣，工商業本帶有競爭的本質。

前些日子報上刊登過一位外國遊客來臺北觀光，他在外國曾經學了些中國文化的東西，知道是禮讓美德的民族。可是，當他坐在計程車上，看見司機橫衝直撞，絲毫沒有禮讓的動作時，不禁問道：難道中國不是禮讓文化嗎？司機可答得非常乾脆：我又不認識他們，爲何要讓！當然，如果因認識才讓，也許只在自己住家附近才有機會了；在大城市中，如何會有可能遇到自己認識的人呢？

這是群我關係的疏離。在這種事情上，很多人都會有經驗，就是在公共場所洽公時，莫名其妙地被訓斥一番，或是成爲怒罵的對象。原因多是管理人員自己本身下意識的不滿，轉移到陌生人身上來發洩。

四、知識爆炸時代

千里眼（電視機）取代了客廳中祖先的牌位；以前家人圍坐在餐桌邊，邊吃邊聊天的景象不再，而代之以興的，是排排坐的方式，全家大小對著電視機，跟著趙樹海先生所開展的「大家一起來」的節目。

電視機當然滿足了傳統寄望的千里眼，的確擴展了知識的範圍，使人們大開眼界；但同時也要人付出家庭中親子關係的時間。那句頗具權威性，且吸引力特強的告白：「你給我半小時，我就給你全世界！」此時，不也正是家庭分子飯後談心的時間嗎？獲得了全世界，可是卻迷失了家庭中的人際關係，也正是現代人的畫像之一。

現代人因爲追求知識，很可能記熟明星的三圍，也知曉國際間金融行情的漲跌，更曉得所有名人的出身背景，可是，卻把自己身邊的人冷落了。本來，人際關係的順序，是由近及遠，以及由親及疏的；如果反其道而行，就正如一個人因爲買了直昇機，就把雙腿鋸掉，是一樣地愚蠢。因爲在他選擇基本的與更好的二者中，選擇了更好，但失落了基本。

現代人的畫像，大多是忘記了「本質」，而追逐現象：先是以衣食住行的科技發展爲進步的象徵，繼則在政治社會的制度上以符合潮流爲訴求的目標，這訴求從高層次的政治理念，到日常生活的各種競爭，不但在實踐上有許許多多的衝突，而且在理論上也從理想下來，屈服於現實界的事實和事件。

現代人不但把自己的大環境、自然界污染了，而且每天還在不斷地製造垃圾，污染著身邊的環境；更重要的是，在工商業社會中，發展著各式各樣的功名利祿，而使心靈一直外馳，追逐名利，失落了自己本性的天眞，生活在庸俗之中。

貳、心靈修養的兩面性

生活在當代社會中的英雄豪傑之士，也就利用當前的機會，追求財富的人設法賺錢，追求權力的人設法做民意代表，追求聲名的人設法天天在媒體上露面；把社會的發展推動得更快，而自己的功名利祿也增加得更快、更多。這當然談不上心靈的修養，而是恰好相反，把心靈推向物化、俗化之中。

當然，在現代化社會中，並不見得所有聰明才智高的人，都順應社會的潮流，都在追求功名利祿，而是常有一些仁人志士型的人物，他們看清了禮壞樂崩的文化危機，同時意識到人類精神生命的低落，於是挺身出來，作著救人淑世的工作。

最先的直接反應就是，人間世既有那末多的毛病，科技生活既帶來了幾許危機，那人類豈不應該鄙視現實界，而在人間世尋得一塊淨土，而過一種獨善其身的生活？

再來的一種理念是：設法減低所有引人墮落的機會，而把自己修養成超脫各種束縛，甚至超越物質世界，而進入神仙之境。

人類主觀意識的形成，多是膨脹自己，認爲自己已經獲得了眞理，除了自己讚頌眞理之外，視所有與自己意見不合的理論，都是異端邪說。這種排他性的作法，在知識分子和宗教界人士尤爲普遍。

人的正義感以及嫉惡如仇的天性，也就在這種思想和信念中形成，而把自己看成：正義的代言人，眞理的衞護者；衞道之士常犯的毛病，也是心靈修養的理論中，常出現的困境。

原來，爲解決心靈修養問題，並非那些人獨有的問題，而是全人類的課題，世界上每一角落，每一種文化背景，每一時間都會發生的問題。我們且分數點來深入探討：

一、輕肉體重精神的考慮與實踐

修行家以及出世思想者總會在紙醉金迷的社會風氣中，提出世風日下的感嘆，因而亦會開始對「避世」的想法再次的探討，而終究會引發消極的態度，而主張唯有杜絕肉體的各種享受，回歸自然質樸的生活，作爲理想的生活型態。這種出世、出家的思想原始自宗教家對塵世苦惱以及煩惱所做的直接反應。古代羅馬的司多噶學派，印度早期的佛教，都採取這種態度；認爲人的肉體和塵世的物質，都是各種苦惱的因緣，人生唯有拋棄肉體，至少要輕蔑肉慾生活，節制肉體生活，才能解脫，才能度一個平安的生活。

生活嚴謹的修道，終生不吃肉，採取素食主義；同時以絕色、絕財、絕意的生命，遁入空門，離開人間世的社會，一方面避免了各種誘惑，另方面求得內心的平靜。

當然，出世思想有其思想上的基礎，亦有實踐上的功效；可是，爲了怕犯錯而停止一切活動，恐怕亦非生命的眞正意義。佛教中亦有「我不入地獄，誰入地獄」的救世豪情。悲觀出世的人生觀在汲汲於功利及享受的人世，固然有暮鼓晨鐘的作用，但亦不可當作正常生活的借鏡。出世思想是可以作爲藥方，來醫治社會過於奢華的疾病，但總不是健康者的日常糧食。

還有一種生活的方式，就是不苟言笑的修持生活，像道學者的見解，吃不言、睡不語的嚴肅生活。記得在香港避難時，曾經歷過由愛爾蘭傳教士所與辦的學校，這學校不但在英語體系教學中嚴格，一進學校大門，就不准講廣東話（當然亦不准說國語），學校中唯一的語言是英文（因爲學校是英文中學），就是同學在興高采烈地玩足球時，不小心用廣東話叫了一聲，亦算違反校規，要處以罰款。同樣，在校慶運動會場上，亦要端正地坐著觀看球賽，亦不可以大聲叫喊！甚至，其中有一位比較活潑的同學，當然亦有點調皮，大聲引用《聖經》中的一句話，來爲自己大聲喊加油的行爲辯護，那就是：「如果我不喊叫，連石頭都要吶喊了！」還是無法挽回受處分的命運。

這種不苟言笑，心中永不輕鬆的生活方式，未免太老成了，與道家的「自然」，尤其是與「嬰兒」的天眞反其道而行。人失去天眞，還能用什麼來補償呢？

二、成仙的寄望

世衰道微中，總有人覺得塵世的生活不可留戀，但是卻又無法完全擺脫肉體的各種需要，於是有了另一種的解脫方法，那就是超越肉體的生命，使自己可以不經由死亡，而達到完全精神生活的境界。這也就是人類歷史上的煉丹、畫符、算命、看風水等等活動。如果前面的出世思想是人過分強調精神而忽視肉體，則這裡就是過分強調肉體而忽視精神的行徑。古人認定的人生三不朽原是立德、立功、立言，但是，煉丹的人卻認爲可以透過藥物而使人長生不死，而把「不朽」的意義庸俗化，成了肉體的不朽。古代埃及文化的木乃伊和金字塔，就十足指陳了這種想法。中國古代的秦始皇、漢武帝也相信江湖術士的意見，以爲人類畢竟可以煉出仙丹，而吞服後便可以羽化登仙，再也不受肉體的各項束縛，不但可以入水不濡，入火不熱，而且可以躲開所有病痛，最後還可以長生不死。

這種人生觀顯然地是在面對命運時，設法「改運」，把會死的改變成不死，把苦難改變成運氣；而沒有設法「把命運轉換成使命」，使自己的生命有意義，一旦生命由命運帶領到盡頭，也仍然能夠締造「死有重如泰山」的成效。

怕死而希望能免除死亡，雖亦是人性的直接反應；可是，證諸於事實，死亡卻是終究要來的，有生就有死，死亡的事實沒有人能倖免；黃泉路上，是無論男女老幼，都一視同仁。

當然，無論誰都會愛惜生命，螻蟻尚且貪生，亦都會害怕死亡；但是，面對死亡的事實，如其逃避，不如面對；如其設法找尋仙丹，不如行善避惡，不如找到善生安死之道。儒家的殺身成仁，捨生取義，原就是敢於面對死亡，敢於把生命的意義定位在比生命更高的仁義之上。

人性本能處理各種困境的模式，原就有分析和推論的過程。在其面對死亡時，獲知死亡有內外兩種因素：內在因素是：生命本身就有生有死，有新陳代謝作用，有結束的一刻，因而認爲用物質的元素可以改變這種內在的死亡因素，可以促成其長生不老。煉丹在這種意義上，是針對人性本身的死亡趨勢而發。

至於人性外來的死亡因素，在原始人的想像中，總是有鬼會來提取人的靈魂，一旦靈魂離開肉體，便是死亡的來臨。爲了阻止鬼的來臨，於是發明了符咒，無論把符掛在住處門口，或是帶在身上，都可以避邪，鬼就不敢上門，也就躲開了死亡的外來因素。

長命富貴原是入世的思想，可是，福祿壽獲得的原理並非想像的「求就得」，道家瞭解到「吃虧是福」的原理，儒家也指證出：生命的價值不在長短，而且，檢證生命的價值亦不一定在生前，而極可能是在死亡一事上，這也就是成仁取義，或是死有重如泰山的瞭解；佛家更能夠體悟出走向涅槃之道，非要超脫肉體的束縛不可。

以上兩種看法和做法，是人生實踐上的困境。

在理論上的難題，在於容易流入主觀意識之中。主觀意識也就是把本來不是宗教信仰的事，看成是信條，而其實只是哲學理論的鋪成，並非絕對眞理，卻帶有濃厚的排他性。最淸楚的事，莫過於近期興起的「責任哲學」或是「義務論」。這原是西洋啓蒙運動中，康德哲學的一種看法，是人性在倫理道德上失去了愛與關懷，而且在內心中沒有喜樂及平靜時的救援之道，是一種社會病態時的救濟良方，但絕非正統的倫理道德，更非完美人格的典範。但是卻有人用來詮釋孔孟思想，認爲唯有透過康德，學者才能瞭解儒家。這是儒家自貶身價的看法和做法。因爲一來倫理道德的第一義在於使人修養成完美人格，而完美人格的養成必然是「仁」（儒家理論中心），或是與仁可作比擬的「愛」（基督宗教教義核心），而由仁愛所塑造的人格，自然就完美了人性的「善論」（善端的第一條也是惻隱之心的仁之端），而超凡入聖。在這神聖的境界中，人心是充滿平安與喜樂的。二來儒家的道德人，無論如何去解釋也無法擺脫這「仁」愛，以及心中的悅樂精神。但是，翻遍整套康德的著作，沒有論及「愛」，亦沒有心中的喜樂；這也就說明無論道德內容，或是道德成果兩方面去看，康德與儒家是拉不上關係的。再則，主張儒家康德化的學者，唯一可用的理由就是「自律道德」；當然，康德思想的脈絡中，「自律道德」的確是核心課題，其論證也是環環相扣、體系明瞭的。可是，康德所證明出來的，也只是「有」自律道德這回事，可並不能指陳所有道德都是自律的，否則西洋傳統就毫無道德可言了。再則，儒家經典中，尤其《論語》和《孟子》，根本在形式上就不是康德式的思辨，也沒有明確指出「自律」的結論，對「自律」一廂情願的結論也只是詮釋經文的個人主張而已。以這種詮釋與論證的比較取樣，就在形式上結論出二者相等，未免犯了邏輯推論的錯誤。

事實上，無論西方基督宗教，或是儒家思想，道德問題都不該放在康德的「自律」「他律」的二分法框架中去詮釋，因爲，任何規律，只要是律法，都含有濃厚的「合約」或「契約」成分在內，是雙方認同，雙方有共識定下的合約。正如同任何一種遊戲規則一般，是雙方約定俗成的合約，無所謂「自律」或「他律」的問題，更沒有「非此卽彼」或「非彼卽此」的二分法困境。

在儒家道德中，「天人關係」的契約型思想，遠超過「自律」的意涵；尤其儒家的人際關係取向的道德中，無論是「父子有親，君臣有義，夫婦有別，長幼有序，朋友有信」，或是「事天……，親親，仁民，愛物」，或是仁、義、禮、智之行爲，都不應該用「自律或他律」的二分法來審斷，而是旣他律又自律的合約關係。何況，儒家所倡導的任何一種德目，都是由「仁」心出發，以愛爲前提的，絕沒有半點宰制性的「責任」或「義務」的壓力存在。

「仁愛」是道德生活的第一義，「責任」則是道德沒落後，無可奈何才提出的補救之道。顚倒輕重，也就違反了「知所先後，則近道矣」的原則。

其實，說穿了，主張康德義務論者，基本上也不是崇拜康德，而是反對基督宗教，因爲基督宗教教義中太多能與儒家的道德融通的地方。進一步，反對基督宗教也不是因爲瞭解基督宗教(新儒家中，沒有一個研究過基督宗教，或是研究過神學)，而是受到五四以來反宗教潮流的影響，算是盲目的思潮受害者。

三

從主觀意識很容易演變成膨脹自己能力，認爲自己所知是眞理，自己言行也可作爲正義，而自己就是正義的代言人。這種思想模式，最容易擁有的，還是西方人的習慣。

記得十年前吧，在研究室專心念書時，忽然來了一位氣沖沖的外國青年。他一進門就很氣憤地用那半生不熟的國語說出：「你們中國人眞不夠意思！」說完這句話還一直在喘氣。我當時意識到，也許這年輕人生活習慣尚未轉換過來，也許有計程車沒有讓他先通過斑馬線，剝奪了他「行人優先」的權利。但是，我處理此事的方式，通常都趕快提醒他，「生氣只對你自己一個人有害，改變不了任何既定的事實的！」就請他喝杯茶，先要消消氣，然後才慢慢地把不滿說出來，看看是否值得生那末大的氣。

等這位青年坐定，喝了茶，不再喘氣時，我就讓他述說整個事件的始末。原來，他是學佛的，而且以崇拜的心情走遍了東南亞各佛教聖地，也到過不丹、尼泊爾等小國；不過在旅遊中，卻對各地佛像偏愛，而興起了研究的興趣。這不研究尚好，幾年研究下來，越發覺得「中國人不夠意思！」那就是：在印度和東南亞各國的佛像，都靜坐著，眼睛下垂，嘴角往下彎，表示人生苦惱，而人間世的確不是久戀之地；但是，這種出世的佛的形像，到了中國之後，靜坐的方式倒是改變不多，不過，佛的嘴角已經不再往下彎，而是拉平了，好像在表示，人間世並不那末苦惱，生命並非跌進輪迴，而是可以安靜度日的。「中國人不夠意思」不但把色相界的煩惱除去，換上安詳的佛像，更使人不能忍受的，就是基隆中正公園中的佛像，簡直不像話了，那位青年很氣憤地往下說：那佛像叫彌勒佛，竟然睜大眼睛看世界，而且不但嘴角不向下彎，反而往上翹，笑得合不攏嘴，似乎告訴遊客：看！世界多美麗！還有，彌勒佛吃得胖胖的，那像苦行者禁食或素食的修行？你們中國人把「佛」描繪成什麼樣子？簡直與原來的釋迦牟尼完全相反了！

我讓這位外籍青年用他半生不熟的國語發洩完心中的悶氣之後，還是請他再喝口茶，消消氣。然後開始引他談及正題；問他國語那裡學的，是否還繼續學，是否也學習看看中文書，在得知他正在師大語言中心學國語時，就利用機會進入主題：規勸他一定要「平心靜氣」地觀察，更平心靜氣地批評；尤其有關風俗習慣，以及文化發展的問題，千萬不能生氣；因為生氣對自己不好，而且亦只對自己不好，對客觀的事實都沒有什麼改變，也改變不了什麼。其中更重要的是：不但要把中文學好，俾便在文字上把握住中國文化的發展，而且要瞭解到佛教傳入中國與儒家、道家等的融通情形。更重要的是，無論遭遇到什麼情況，尤其是那些與自己原始理念不同，甚至相反、矛盾、對立的事件時，要沈得住氣，再仔細研究其中奧祕，不要貿然就開始生氣。因為我告訴他，當他一直研究佛教，看很多佛教的書，終會有一天遇到像《濟公傳》的作品。到那時，如果內心修持不夠，一定心中冒火，大發雷霆；原因是：濟癲和尚不守清規，愛睡懶覺，又愛吃狗肉，幾乎把靈隱寺的清靜都鬧亂了。可是，濟公不但不是佛教的叛徒，而且是「活佛」，生活在這個世界上的「佛」。只要他一拍天靈蓋，馬上就知道古往今來，人間世的諸多事情，而亦開始做救苦救難的工作。這豈不是和佛祖開玩笑嗎？「佛」的形像怎麼可以用濟公來展示呢？可是，在中華文化融通印度外來的佛教時，就足以塑造出濟癲和尚的形像，作為儒、道、釋合一的典範。

心靈的寧靜，不受外界的挑釁，也正是道家心靈修養的核心課題。看見不像話的事件，不生氣；看見有價值的東西，不生貪念，原就是心靈修養的起步。

以上指出了對心靈修養工夫的可能誤入歧途的幾種思想模式，現在，我們試就正確的瞭解，分幾點來進入獲得心平氣和的方案：

㈠首先瞭解到「心靈」才是人所有思言行爲的主體，只要不動心，外面的環境是無可奈何的；人的自由意志如果堅強到敢於說「不」，外界是無能爲力的。

可是，在另一方面看來，人心是一直得有「思想」陪伴，常常會沈浸在思想當中，這些思想是內在的，因而也就對心靈的生命，持有不可忽視的影響力。心中有什麼思念，口中也就會暴露類似的語言，最後亦會在行爲中表現出來。而心靈暴露在外的媒介，接觸外在世界的則是身體；如果沒有身體，心靈就眞正的很自由，可以完全不受外界的影響。老子對這點有非常深刻的體認，也有著幾許無奈的感覺，那就是「大患若身，吾所以有大患者，爲吾有身；及吾無身，吾有何患？」（《道德經》第十三章）

身體如果一直暴露在汚濁的空氣中，會有害健康；同樣，如果心靈一直沈浸在不健康的思想中，亦有害於心靈的健康。人生活在世上，人間世常會出現一些不平之事，足夠使人生氣，因而有氣憤、妬忌、仇恨等雜念產生。如果一個人，無法及早發覺，這些毒害心靈的思想一直控制住心靈的話，則這心靈就會因疾病而軟弱，說不定終至死亡。心靈生命死亡，人就只剩下行屍走肉了。

究竟心靈是暴露在污濁的思想中，常生惡念，而且惡念一直徘徊不去呢？抑或是心中常存善念？不是沒有檢證的方法的。誰都聽說過蘇東坡與佛印和尙的故事。此二位智者常在一塊談天說笑，一起遊玩，亦一起下棋。有一天，東坡與致來潮，穿戴得整整齊齊去會佛印。二人在下棋，忽然東坡問佛印，自己看來像什麼？佛印說出：你像一座佛塔。隨卽，佛印亦以同樣的問題問東坡。蘇東坡認爲這下可找到機會可以調侃佛印了，於是說出：你像一堆牛糞。佛印無言。東坡認爲此次相會終於勝了佛印，洗雪了自己多次被擊敗的恥辱。於是哼著小調回家，得意非凡。蘇小妹看見哥哥得意的樣子，就詢及此事因緣，東坡如是一五一十訴說。末了，小妹指出，東坡此次輸得好慘。東坡詢問究竟。原來的理由是：佛印口中吐出一尊佛塔，而從東坡嘴裡卻出來一堆牛糞。

口舌之能的勝負，竟然要從心靈之念找尋準則；誰說辯才是智慧呢？俗人之認爲勝負，很可能在智者心目中，得到相反的評價。道德界如此，宗教界更是如此。

心平氣和的另一種考量，是比較形上的，那就是世界的整體性，以及其在道的運作中的圓融。人間世的所有衝突、矛盾，都在「道」之內獲得化解；同時，亦都在道之內獲得提升，不但提升萬事萬物，也提升著追尋道的人，使人能達到「天地與我並生，萬物與我爲一」的認知境界，同時亦達到「與道合一」「與造物者遊」的存在境界。

㈡這樣，內心的平和也就奠基在萬物一體，以及讓道運作的「託付」中。正如一個小孩，只要媽媽在身邊，就有什麼也不怕的託付心境一般。

對「道」的信心和信賴，原是道家生命智慧的表達，而爲了對「道」的信賴，是要用層級的否定法，把自己的私欲偏情，一步步洗淨，使自己的心靈無所牽掛；在內心一無貪慾，二無牽掛時，讓道住進內心，作爲心中的主人，安排符合道的思言行爲。「道通爲一」的成果，原也就是由這種「以道觀之」的立場所導引出來的。

對道的信賴，以及透過「心齋」「坐忘」等修持，也就是把自己的存在層級式地註銷，猶如把自己化成一滴水，滴入道的海洋中。在海洋澎湃的潮流中，這滴水已經沒入不見，所見到的只是海浪。

與道合一的要求，才是道家心靈修養的最終目標。

叁、道家修養

從前面的理論體系而來，我們漸漸地進入「與道合一」的成果中，去體會「無爲」與「自然」的原始風味，而逐漸接觸到道的氣息。

可是，問題這才開始，如何可以達到心平氣和的境界？如何才能擺脫所有執著，而把自己託付給道，好像嬰兒依偎在慈母懷中一般？

道家在這裡用了相當多的寓言，來闡明其中奧祕。老子本主張「不言之教」，可是卻仍然勉強寫下了五千言的《道德經》；五千言中涵蓋了太多的智慧，難怪中國智識分子用了兩千多年的時間，來從各方面去詮釋它，至今猶意猶未盡；西洋人亦在近百年來，寫了不知多少論文，也不知用了多少種語言設法翻譯它，總是覺得不夠，無法窮盡它的內涵。別的不說，光是那核心的概念「道」就已公認爲是無可翻譯的，只能用音譯來代替。

「不言之教」竟然用了最深的、最複雜、最使人難懂的語言，寫下了世界人類最深奧的一本書，來教導百姓如何行道修德。「不言」幾乎成了「無不言」；正如「無爲」竟也成了「無不爲」一般。老子自己說的：「不言之教，無爲之益，天下希及之。」（《道德經》第四十三章），把「無爲」和「不言」同列。

在另一方面，繼承老子思想的莊子，則一反「不言之教」的原則，而寫了十數萬言的「寓言之教」，細緻地教導人如何去修心養性，把「無爲」轉化成「無不爲」，把「不言」轉化成「無不言」。

到了列子，更是把修持獲得的社會成果羅列出來，不但超越了老子的「小國寡民」，也不但超越了莊子的「至德之世」，而且提出了「華胥氏之國」以及「列姑射山」的神仙境界，作爲人類修持的成果，落實到社會之中。及至到了《抱朴子》，其〈內篇〉的各種處方，都是仙丹；葛洪用來指導人要收集那些藥方，要用多少火候，就以煎煎煮煮的方式，就可以煉成仙丹，服用後就長生不老。葛洪在其《抱朴子》一書所描述的，原是秦漢時代，秦始皇漢武帝等人夢寐以求的長生不老藥。葛洪的《神仙傳》，更是言之鑿鑿地，爲神仙立傳，說明人性之超脫，終能完全擺脫物質的束縛，而超凡入聖，成爲仙人。中國民間信仰的八大仙，原也從道家的這種理念，發展而成。尤其民間道教的各種努力，也莫不是求聖求仙，希望修得羽化登仙之境，而入於不朽的地步。

我們且就分段來論述道家的心靈修養：

一、老子

老子所遺留下來的《道德經》五千言，其文字的特性是獨特的，都是自言自語的「獨白」。其中沒有任何對話的跡象，因此亦沒有人稱代名詞的「你」或「他」；吾字、予字、我字等倒用了三十七詞次。這種沒有人際關係的文字設計，似乎都在證明「民至老死，不相往來」（《道德經》第八十章）的論點。至少在表面上看，老子要截斷所有已經沒落的人際關係，而與當時思想家所醉心的「國大民眾」的模式相反，贊成「小國寡民」的自然社會狀態。

老子《道德經》五千言中，否定詞一共用了五百五十四詞次，而且分成層級式的否定：從輕微的「希」「微」「寡」「小」「少」等等的否定詞，逐漸昇高否定能力的「不」「非」「莫」「棄」「絕」等，一直到「不言」「無爲」「無知」「無欲」「不尙」「不貴」等決定性的否定，到最後竟然落到「無」的本體狀態；而且，還把「無」看成是所有「有」的根源。其「天下萬物生於有，有生於無」（《道德經》第四十章）的表達，也正是要用「無」作爲宇宙最後的淵源。

可是，誰都知道，「無」的根本意義是沒有，是「有」的對立。從本體的「無」到落實在行動中的「無爲」，原義應是什麼都不做。這種消極的態度因可一反當時追逐功名利祿的社會背景，但是，「無爲」的意義無論如何都不是凡人所可理解成「無不爲」的，「無」亦更不易解釋成爲「有」的。

「聖人處無爲之事，行不言之教」（《道德經》第二章），以及「道常無爲而無不爲」（《道德經》第三十七章），也就眞能表現老子的「正言若反」（《道德經》第七十八章）。眞的，如果「處無爲之事」的「處」是行動，「行不言之教」的「行」也是行動的話，則顯然「無爲」就不是不做什麼；同樣，「不言」也不是不教的意思。相反，「無爲」接著來的是「無不爲」（《道德經》第四十八章）。

道的本體是「無」，但是道用則是「無爲」，然而，這「無爲」站在自然的脈動來看，它是「無不爲」的。

站在「人法地，地法天，天法道，道法自然」（《道德經》第二十五章）的立場來看，「無爲」和「自然」才是人生效法道的典範。

這「無爲」所牽涉的意義很廣，主要的是反對當時過分「有爲」的道德進路的文化模式。就如對金錢財物的貪欲，對功名的追求，對自己的執著，這一些陋習都讓老子提出「否定之道」：「不尙賢，使民不爭；不貴難得之貨，使民不爲盜；不見可欲，使民心不亂」（《道德經》第三章）；甚至，進一步說出：「大道廢，有仁義；智慧出，有大僞；六親不和，有孝慈；國家昏亂，有忠臣」（《道德經》第十八章）。在這些否定的看法之後，還加上較有系統、較有層級的否定模式，那就是「故失道而後德，失德而後仁，失仁而後義，失義而後禮」（《道德經》第三十八章）。

否定詞的用法是叫人避開當時形式主義的一些德目，而其指出的積極意義則是回歸道，達到「物我相忘」的心靈境界，而達到「天地與我並生，萬物與我爲一」的莊子所啓示的心境。

在積極的意義上，老子也用了「三寶」的方式，來展示其用心的方案，那就是：「我有三寶，持而保之：一曰慈，二曰儉，三曰不敢爲天下先」（《道德經》第六十七章）。心靈修養出來的結果，一是慈悲的心腸，二是節儉的美德，三是禮讓和不與人爭的習性。這三寶基本上是人類共同的美德，都帶有積極性。在人生境界上，除了用無爲與自然作爲基本形像外，也有積極的畫像，那就是嬰兒、水、谷等的比喻，亦都以「謙下」的表出。這亦本是「有容乃大」的智慧理解。

當然，前面所討論的，多是個別的人的完美，是與道合一的境界；至於群體性完美的社會，老子言談不多，皆以「小國寡民」爲原則；而以「民至老死，不相往來」的方式結束。不過，在這裡要瞭解，老子的斬斷人際關係，目的並非孤獨，結果亦不是孤獨，因爲他的「獨」是「獨與天地精神往來」的，他的「獨」是「上與造物者遊」，「下與外死生，無終始者爲友」（《莊子·天下》），都是要整合地與道合一的。

二、莊子

莊子的心靈修養方法，比老子落實多了，首先，他把老子的「道」從形而上的高處，拉下來，使其內存於萬事萬物中；這樣，人們就更容易完成「與道合一」的工夫。「道在萬物」的原理，使莊子認定，只要人能做到「物我相忘」，也就活在道中，與道共有生命，而至永遠和無限。

道在萬物的寓言式的表達，也是漸進的，層級式的。莊子說：

東郭子問於莊子曰：「所謂道，惡乎在？」莊子曰：「無所不在。」東郭子曰：「期而後可。」莊子曰：「在螻蟻。」曰：「何其下邪？」曰：「在稊稗。」曰：「何其愈下邪？」曰：「在瓦甓。」曰：「何其愈甚邪？」曰：「在屎溺。」東郭子不應。（《莊子·知北遊》）

莊子透過髒物、死物、植物、動物的層級，來說明道的無所不在。道的無所不在，也正是讓道運作的託付有思想的基礎。可是，問題還沒有深入，因為道雖然無所不在，而人又如何可發現它，與它結合？這也就是與道合一的方法問題。莊子在這裡扮演了很重要的角色。

這也就是他有名的「心齋」和「坐忘」的修持方法。莊子認為，除非一個人出空自己，否則就無法與道合一。而出空自己的方式則是用「心齋」，用「坐忘」來把自己的存在忘記，使自己出空存在，好讓道能取代自己，形成道的內存在己的成果。莊子認為，只要自我還有我執，還有貪欲，便阻止著道在吾人內心的運作，亦即無法達到與道合一的境界。

「心齋」和「坐忘」二種修持的方式，莊子都假借孔子與其鍾愛弟子顏回的對話為導引：

回曰：「敢問心齋？」仲尼曰：「一若志。無聽之以耳，而聽之以心；無聽之以心，而聽之以氣。聽止於耳，心止於符。氣也者，虛而待物者也。唯道集虛。虛者，心齋也。」

（《莊子‧人間世》）

顏回曰：「回益矣！」仲尼曰：「何謂也？」曰：「回忘仁義矣！」曰：「可矣！猶未也！」他日復見。曰：「回益矣！」曰：「何謂也？」曰：「回忘禮樂矣！」曰：「可矣！猶未也。」他日復見。曰：「回益矣！」曰「何謂也？」曰：「回坐忘矣！」仲尼蹴然曰：「何謂坐忘？」顏回曰：「墮肢體，黜聰明，離形去知，同於大通，此謂坐忘。」

（《莊子‧大宗師》）

「心齋」的「虛而待物」，「坐忘」的「離形去知」，都是出空自己，等待「道」的來臨。在這方面，莊子也眞能瞭解儒家的「因材施教」，而非塡鴨式的教導什麼，而只是用層級的否定法，一層層地剝落；在對話中，仲尼只扮演了「否定」的指導角色，只以「可矣！猶未也！」來提醒對方，尙未達到理想的境界。究竟什麼是理想境界，或者是：如何才能達到此理想境界，仲尼則存而不論，不把答案提出，而是讓學者自己再去思考和實踐，由自己體驗中獲得成果。這方法眞像印度寓言中的，不要給乞丐一條魚，因爲他有了一條魚當然下一頓飯有著落；可是，吃完那條魚之後，仍然是乞丐。因此，最好不要給乞丐魚，而是教他釣魚，則這乞丐就終生受用不盡，不必再做乞丐了。莊子心目中的教導，也是在「催生」學者自發性的智慧，是啓發性的教育，而非塡鴨式的教育。

還有就是層級否定法的存而不論次序；要坐忘並非一蹴就成，而是先要忘記抽象的德目，然後再忘記實踐德目的方法，最後就連自身亦得忘記，連自己的肉體也忘記了。

由心齋和坐忘所修練出來的人性，就已經由凡人轉化成至人、神人、聖人。但是這種人並非有什麼積極的德行，而是由消極的方式所形容：「至人無己，神人無功，聖人無名」，是擺脫了所有功名利祿的「眞人」。

莊子的「寓言」，叫人看破人間世的功名利祿，莫如其釣於濮水的那一段故事：

莊子釣於濮水。楚王使大夫二人往先焉。曰：「願以境內累矣！」莊子持竿不顧。曰：

「吾聞楚有神龜，死已三千歲矣，王巾笥而藏之廟堂之上。此龜者，寧其死為留骨而貴乎？寧其生而曳尾塗中乎？」二大夫曰：「寧生而曳尾塗中。」莊子曰：「往矣！吾將曳尾於塗中。」（《莊子．秋水》）

莊子在這裡，爲了保全自由之身，拒絕了相位，擺脫對人間世功名利祿的欲望。這故事極似希臘時代的廸奧哲內斯。廸氏願終生過一個淡泊無華的生活，好使自己的生命自由自在。他拋棄了所有家產，只剩下一隻碗，以爲這是吃飯的傢伙，不可或缺。可是有一天，他看見一個小孩用手掐水喝，於是恍然大悟，知道這隻碗亦是多餘的，於是把碗丢掉，終於體悟出自由自在。有一天，亞歷山大大帝因廣求謀士，希圖擴展馬其頓帝國勢力，恰好找到廸氏，大帝於是利用豐厚的條件想請廸氏出山，許諾給他半座雅典城，只要他肯出來，輔助大帝稱霸。廸奧哲內斯坐在一個空酒桶內曬太陽，對大帝的話充耳不聞。大帝會錯了意，以爲酬勞不夠豐厚，於是再提條件，提出如果打下了天下，就把整個雅典送他。結果，廸氏還是相應不理。大帝無可奈何，只好挑明，任憑廸氏提條件。廸氏於是提出了那句舉世名言：「請你走開一點，不要擋著我的陽光！」

莊子的「吾將曳尾於塗中」，與廸奧哲內斯的「請不要擋著我的陽光」，都是表明不受俸祿的引誘，而希望過一個自由自在的生活。

原來，心靈修養的必需條件，就是要避免對功名利祿的引誘。原則是「天下有道，聖人成焉；天下無道，聖人生焉」（《莊子．人間世》），以及「天下有道，則與物皆昌；天下無道，則修德就閒」(《莊子・天地》)。

三、列子

列子所提出來的神仙生活，基本上還是承傳老子對肉體的看法，以爲肉體以及肉體的需要，都會妨礙吾人修成，都是人類的大患。列子在華胥氏之國，以及列姑射山中，指出了理想世界的藍圖：

華胥氏之國，……其國無師長，自然而已；其民無嗜慾，自然而已；不知樂生，不知惡死，故無夭殤；不知親己，不知疏物，故無愛憎；不知背逆，不知向順，故無利害。都無所愛惜，都無所畏忌。入水不溺，入火不熱，斫撻無傷痛，指擿無痟癢，乘空如履實，寢虛若處牀；雲霧不硋其視，雷霆不亂其聽，美惡不滑其心，山谷不躓其步，神行而已。(《列子・黃帝》)

列姑射山在海河洲中，山上有神人焉。吸風飲露，不食五穀；心如淵泉，形如處女；不偎不愛，仙聖為之臣；不畏不怒，原慤為之使；不施不惠，而物自足；不聚不歛，而己無愆。陰陽常調，日月常明，四時常若，風雨常均，字育常時，年穀常豐；而土無札傷，人無夭惡，物無疵厲，鬼無靈響焉。(同上)

這顯然是神仙之境的描繪，人在那時已擺脫所有物質的束縛，而達到精神完全自由自在之境。

「列子比莊子更進一步，認為人的肉體可以修練成完全不受物質束縛，因而亦不受死亡的困擾。

後漢興起的道教，以及當時的畫符、煉丹的風氣，讀讖的風氣，都逐漸成為民間追求長生不老的信仰；雖然在理論上降低了老莊原始道家的精神領域，可是在思想史的發展中，從精神的超越，到肉體的超越，從與道合一的精神生活，到肉體不朽的人間生活，總也是某方面的進步。

到了葛洪的《抱朴子》時，已經明示著用何種藥方，能煉成仙丹，使人服食後會羽化成仙；其思想可能不夠落實，但提升肉體生命的意圖卻是顯而易見的。其《神仙傳》的描繪，雖屬假借，但在思想的檢證上，卻也觸及到道家的表層，求仙的人生觀後來已走入荒誕不堪的地步，對人生對社會都似乎沒什麼貢獻，但對醫藥的研究，以及化學方面的知識，倒是提供了某些參考的資料。

「超越」「擺脫」的理念，在道家整個發展史中，都扮演了重要的角色。至於是精神單方面的超脫，抑或是肉體也需要羽化登仙，就成為見仁見智的課題。

結論

諾貝爾經濟學得主薩孟遜曾經站在經濟學的立場，給幸福定立了一條公式，那就是：

$$幸福 = \frac{財富}{欲望}$$

在這個公式中，欲望不變時，財富與幸福是成正比的：財富越多，幸福亦越大；財富減少，幸福也就變小了。但是，如果財富不變，則欲望與幸福就成反比；欲望越大，幸福越小；相反，欲望越少，幸福就越大。

可是，我們都明白，在追求和保持幸福生活的過程中，在人生的過程中，財富是相當不可靠的東西，隨著時代的任何一種變遷，都可能把它化爲烏有；甚至在平常的社會時段中，它也可能被偷、被搶，或是什麼天災、人禍而失去。人對財富眞是命中註定，應明瞭「死生有命，富貴在天」的箴言。人們唯一能控制的，就是自己的欲望。因此，眞正的幸福是把握在吾人手中，但是，條件是要儘量減低欲望，欲望越少，幸福就越大。也卽是說，千萬不能把自己的幸福，建立在「財富」上面，而應把幸福建立在自己能把握的「欲望」之上。

道家哲學的重點，在精神修養上，也就是叫我們儘量減低欲望，甚至用「心齋」和「坐忘」

的方式，除去欲望，這樣，內心也就有平安、快樂、幸福！

人人都追求幸福！可是，幸福並不存在於心靈之外，它不奠定在財富上，而是界定在吾人心中的欲望上。欲望總會比現有的財富高，有錢人希望擁有更多的錢，有名的人希望有更多的名，有利的人希望獲得更多利潤；人心是不會厭足的。唯一可行的方法，也就是「節制」自己的欲望；當欲望止息時，人性也就眞能變成眞人、至人、神人，而與造物者遊，體悟出「天地與我並生，萬物與我爲一」的境界。

減少欲望是道家心靈修養消極的、否定之道的途徑。積極的方法就是：在現實世界中，不但不讓有害的思想、不健康的思想，像妬忌、不滿、氣憤、恨等情緒長期地浸潤心靈，而是要以厚道、祝福、善意等善念充滿內心，使心靈轉化成光明，燭照世界上的黑暗。

西哲叔本華年輕時因爲悲觀和妬忌，長久地沈浸在消極、猜忌、害人的心思中，不能自拔，當其接觸到印度思想之後，知道心靈的主動特性，於是以諒解取代猜忌，以善念取代惡意，以利他來取代害人，終於擺脫了悲觀的人生觀，而走向「利他主義」的情懷。

道家精神修養的本質，也就在於能把人心從各種貪欲中救拔出來，而以道的無所不在來充實心靈生命。其眞人、至人、神人的獨立性完成的目標，以及其「小國寡民」「至德之世」的理想國藍圖，完成人的社會性及群體性，都值得吾人借鏡，更值得吾人在今天價值體系不明、貪欲心太強的環境中，自我檢討。

滄海叢刊書目(一)

國學類

中國學術思想史論叢(一)～(八)	錢　穆　著
現代中國學術論衡	錢　穆　著
兩漢經學今古文平議	錢　穆　著
宋代理學三書隨劄	錢　穆　著
論語體認	姚式川　著
西漢經學源流	王葆玹　著
文字聲韻論叢	陳新雄　著
楚辭綜論	徐志嘯　著

哲學類

國父道德言論類輯	陳立夫　著
文化哲學講錄(一)～(五)	鄔昆如　著
哲學與思想	王曉波　著
內心悅樂之源泉	吳經熊　著
知識、理性與生命	孫寶琛　著
語言哲學	劉福增　著
哲學演講錄	吳　怡　著
後設倫理學之基本問題	黃慧英　著
日本近代哲學思想史	江日新　譯
比較哲學與文化(一)(二)	吳　森　著
從西方哲學到禪佛教 —— 哲學與宗教一集	傅偉勳　著
批判的繼承與創造的發展 —— 哲學與宗教二集	傅偉勳　著
「文化中國」與中國文化 —— 哲學與宗教三集	傅偉勳　著
從創造的詮釋學到大乘佛學 —— 哲學與宗教四集	傅偉勳　著
中國哲學與懷德海	東海大學哲學研究所主編
人生十論	錢　穆　著
湖上閒思錄	錢　穆　著
晚學盲言（上)(下)	錢　穆　著
愛的哲學	蘇昌美　著
是與非	張身華　譯
邁向未來的哲學思考	項退結　著
逍遙的莊子	吳　怡　著

莊子新注（內篇）	陳冠學 著
莊子的生命哲學	葉海煙 著
墨子的哲學方法	鍾友聯 著
韓非子析論	謝雲飛 著
韓非子的哲學	王邦雄 著
法家哲學	姚蒸民 著
中國法家哲學	王讚源 著
二程學管見	張永儁 著
王陽明 —— 中國十六世紀的唯心主義哲學家	張君勱著、江日新譯
王船山人性史哲學之研究	林安梧 著
西洋百位哲學家	鄔昆如 著
西洋哲學十二講	鄔昆如 著
希臘哲學趣談	鄔昆如 著
中世哲學趣談	鄔昆如 著
近代哲學趣談	鄔昆如 著
現代哲學趣談	鄔昆如 著
現代哲學述評㈠	傅佩榮編譯
中國十九世紀思想史（上）(下)	韋政通 著
存有・意識與實踐 —— 熊十力體用哲學之詮釋與重建	林安梧 著
先秦諸子論叢	唐端正 著
先秦諸子論叢（續編）	唐端正 著
周易與儒道墨	張立文 著
孔學漫談	余家菊 著
中國近代新學的展開	張立文 著
哲學與思想 —— 胡秋原選集第二卷	胡秋原 著
從哲學的觀點看	關子尹 著
中國死亡智慧	鄭曉江 著
道德之關懷	黃慧英 著

宗教類

天人之際	李杏邨 著
佛學研究	周中一 著
佛學思想新論	楊惠南 著
現代佛學原理	鄭金德 著

絕對與圓融——佛教思想論集	霍韜晦　著
佛學研究指南	關世謙　譯
當代學人談佛教	楊惠南編著
從傳統到現代——佛教倫理與現代社會	傅偉勳主編
簡明佛學概論	于凌波　著
修多羅頌歌	陳慧劍譯註
禪話	周中一　著
佛家哲理通析	陳沛然　著
唯識三論今詮	于凌波　著

自然科學類

異時空裡的知識追逐 ——科學史與科學哲學論文集	傅大為　著

應用科學類

壽而康講座	胡佩鏘　著

社會科學類

中國古代游藝史 ——樂舞百戲與社會生活之研究	李建民　著
憲法論叢	鄭彥棻　著
憲法論集	林紀東　著
國家論	薩孟武　譯
中國歷代政治得失	錢　穆　著
先秦政治思想史	梁啓超原著、賈馥茗標點
當代中國與民主	周陽山　著
釣魚政治學	鄭赤琰　著
政治與文化	吳俊才　著
世界局勢與中國文化	錢　穆　著
海峽兩岸社會之比較	蔡文輝　著
印度文化十八篇	糜文開　著
美國的公民教育	陳光輝　譯
美國社會與美國華僑	蔡文輝　著
文化與教育	錢　穆　著
開放社會的教育	葉學志　著
大眾傳播的挑戰	石永貴　著

傳播研究補白	彭家發 著
「時代」的經驗	汪 琪、彭家發 著
書法心理學	高尚仁 著
清代科舉	劉兆璸 著
排外與中國政治	廖光生 著
中國文化路向問題的新檢討	勞思光 著
立足臺灣，關懷大陸	韋政通 著
開放的多元化社會	楊國樞 著
臺灣人口與社會發展	李文朗 著
財經文存	王作榮 著
財經時論	楊道淮 著
宗教與社會	宋光宇 著

史地類

古史地理論叢	錢 穆 著
歷史與文化論叢	錢 穆 著
中國史學發微	錢 穆 著
中國歷史研究法	錢 穆 著
中國歷史精神	錢 穆 著
憂患與史學	杜維運 著
與西方史家論中國史學	杜維運 著
清代史學與史家	杜維運 著
中西古代史學比較	杜維運 著
歷史與人物	吳相湘 著
共產國際與中國革命	郭恒鈺 著
抗日戰史論集	劉鳳翰 著
盧溝橋事變	李雲漢 著
歷史講演集	張玉法 著
老臺灣	陳冠學 著
臺灣史與臺灣人	王曉波 著
變調的馬賽曲	蔡百銓 譯
黃　帝	錢 穆 著
孔子傳	錢 穆 著
宋儒風範	董金裕 著
增訂弘一大師年譜	林子青 著
精忠岳飛傳	李 安 著

張公難先之生平　李飛鵬　著
唐玄奘三藏傳史彙編　釋光中　編
一顆永不殞落的巨星　釋光中　著
新亞遺鐸　錢穆　著
困勉強狷八十年　陶百川　著
困強回憶又十年　陶百川　著
我的創造·倡建與服務　陳立夫　著
我生之旅　方治　著

語文類

文學與音律　謝雲飛　著
中國文字學　潘重規　著
中國聲韻學　潘重規、陳紹棠　著
詩經研讀指導　裴普賢　著
莊子及其文學　黃錦鋐　著
離騷九歌九章淺釋　繆天華　著
陶淵明評論　李辰冬　著
鍾嶸詩歌美學　羅立乾　著
杜甫作品繫年　李辰冬　著
唐宋詩詞選——詩選之部　巴壺天　編
唐宋詩詞選——詞選之部　巴壺天　編
清眞詞研究　王支洪　著
苕華詞與人間詞話述評　王宗樂　著
元曲六大家　應裕康、王忠林　著
四說論叢　羅盤　著
紅樓夢的文學價值　羅德湛　著
紅樓夢與中華文化　周汝昌　著
紅樓夢研究　王關仕　著
中國文學論叢　錢穆　著
牛李黨爭與唐代文學　傅錫壬　著
迦陵談詩二集　葉嘉瑩　著
西洋兒童文學史　葉詠琍　著
一九八四　George Orwell原著、劉紹銘　譯
文學原理　趙滋蕃　著
文學新論　李辰冬　著
分析文學　陳啓佑　著

解讀現代・後現代 ──文化空間與生活空間的思索	葉維廉著
學林尋幽──見南山居論學集	黃慶萱著
中西文學關係研究	王潤華著
魯迅小說新論	王潤華著
比較文學的墾拓在臺灣	古添洪、陳慧樺主編
從比較神話到文學	古添洪、陳慧樺主編
神話卽文學	陳炳良等譯
現代文學評論	亞菁著
現代散文新風貌	楊昌年著
現代散文欣賞	鄭明娳著
實用文纂	姜超嶽著
增訂江皋集	吳俊升著
孟武自選文集	薩孟武著
藍天白雲集	梁容若著
野草詞	韋瀚章著
野草詞總集	韋瀚章著
李韶歌詞集	李韶著
石頭的研究	戴天著
留不住的航渡	葉維廉著
三十年詩	葉維廉著
寫作是藝術	張秀亞著
讀書與生活	琦君著
文開隨筆	糜文開著
印度文學歷代名著選（上)(下)	糜文開編譯
城市筆記	也斯著
歐羅巴的蘆笛	葉維廉著
移向成熟的年齡──1987～1992詩	葉維廉著
一個中國的海	葉維廉著
尋索：藝術與人生	葉維廉著
山外有山	李英豪著
知識之劍	陳鼎環著
還鄉夢的幻滅	賴景瑚著
葫蘆・再見	鄭明娳著
大地之歌	大地詩社編
往日旋律	幼柏著

鼓瑟集	幼柏 著
耕心散文集	耕心 著
女兵自傳	謝冰瑩 著
抗戰日記	謝冰瑩 著
給青年朋友的信(上)(下)	謝冰瑩 著
冰瑩書柬	謝冰瑩 著
我在日本	謝冰瑩 著
大漢心聲	張起鈞 著
人生小語(一)～(六)	何秀煌 著
記憶裏有一個小窗	何秀煌 著
回首叫雲飛起	羊令野 著
康莊有待	向陽 著
湍流偶拾	繆天華 著
文學之旅	蕭傳文 著
文學邊緣	周玉山 著
文學徘徊	周玉山 著
種子落地	葉海煙 著
向未來交卷	葉海煙 著
不拿耳朵當眼睛	王讚源 著
古厝懷思	張文貫 著
材與不材之間	王邦雄 著
忘機隨筆 —— 卷一・卷二	王覺源 著
詩情畫意 —— 明代題畫詩的詩畫對應內涵	鄭文惠 著
文學與政治之間 —— 魯迅・新月・文學史	王宏志 著
洛夫與中國現代詩	費勇 著
詩與禪	孫昌武 著
禪境與詩情	李杏邨 著
文學與史地	任遵時 著
老舍小說新論	王潤華 著

美術類

音樂人生	黃友棣 著
樂圃長春	黃友棣 著
樂苑春回	黃友棣 著
樂風泱泱	黃友棣 著
樂境花開	黃友棣 著

樂浦珠還	黃友棣 著
音樂伴我遊	趙琴 著
談音論樂	林聲翕 著
戲劇編寫法	方寸 著
戲劇藝術之發展及其原理	趙如琳 譯著
與當代藝術家的對話	葉維廉 著
藝術的興味	吳道文 著
根源之美	莊申 著
扇子與中國文化	莊申 著
水彩技巧與創作	劉其偉 著
繪畫隨筆	陳景容 著
素描的技法	陳景容 著
建築鋼屋架結構設計	王萬雄 著
建築基本畫	陳榮美、楊麗黛 著
中國的建築藝術	張紹載 著
室內環境設計	李琬琬 著
雕塑技法	何恆雄 著
生命的倒影	侯淑姿 著
文物之美 — 與專業攝影技術	林傑人 著
從白紙到白銀	莊申 著

滄海美術叢書

儺（ㄋㄨㄛˊ）史 — 中國儺文化概論	林河 著
挫萬物於筆端 — 藝術史與藝術批評文集	郭繼生 著
貓。蝶。圖 — 黃智溶談藝錄	黃智溶 著
中國美術年表	曾堉 著
美的抗爭 — 高爾泰文選之一	高爾泰 著
萬曆帝后的衣櫥 — 明定陵絲織集錦	王岩 編撰